Programowanie Expert Advisor dla Początkujących

Strategie Maksymalnych Zysków Na Forex MT4

Wayne Walker

Książka ta została napisana mając jako cel przekazanie jak najbardziej dokładnych i wiarygodnych informacji. Przed podjęciem jakichkolwiek działań opisanych w niniejszej publikacji należy skonsultować się z profesjonalistami.

Oświadczenie to jest uważane za uczciwe i uznawane zarówno przez Amerykańską Radę Adwokacką, jak i przez Komitet Stowarzyszenia Wydawców i jest prawnie wiążące w całych Stanach Zjednoczonych.

Informacje na następnych stronach są zasadniczo uważane za zgodne z prawdą i dokładne przedstawienie faktów i jako takie wszelkie nieuwagi, wykorzystanie lub niewłaściwe wykorzystanie informacji, o których mowa, spowoduje, że wszelkie wynikające z tego działania będą leżały wyłącznie w zakresie kompetencji czytelnika. Nie ma scenariuszy, w których wydawca lub pierwotny autor tej publikacji może być w jakikolwiek sposób uznany za odpowiedzialnego za jakiekolwiek trudne doświadczenia lub szkody, które mogą spotkać czytelników po zapoznaniu się z informacjami przedstawionymi w niniejszej publikacji.

Spis Treści

Programowanie Expert Advisor

Wprowadzenie

Gratuluję Ci zakupu osobistej wersji książki *Programowanie Expert Advisor dla Początkujących*. Ta wyjątkowa książka zapewni Ci solidne podstawy technik niezbędnych do programowania Expert Advisor. Nacisk w całości kładziony jest na praktyczne zastosowania, co jest standardem wszystkich moich książek. Dziękuję Ci za wybranie tej książki!

Rozdział 1
Podstawy Tradingu

Czym jest trading w kategoriach finansowych?

Trading to kupowanie lub sprzedawanie instrumentu w celu osiągnięcia zysku z handlu. Spekulujesz w kwestii wzrostu lub spadku ceny. Możesz zająć albo pozycję **długą (zakup)**, gdy kupujesz instrument i spróbować go sprzedać po wyższej cenie lub możesz zająć pozycję **krótką (sprzedaż)**, gdy pożyczasz instrument, który sprzedaje się po wysokiej cenie i spekulujesz, że cena spadnie, a kiedy cena spadnie, odkupujesz go z rynku i zwracasz właścicielowi, który jest kreatorem rynku, sam zachowując różnicę o jaki cena spadła jako swój zysk.

Możesz handlować z dźwignią lub bez dźwigni. Jeśli Twoja dźwignia wynosi 1:200, oznacza to, że za każdego dolara, który masz na koncie, masz siłę nabywczą razy 200. Jeśli masz 500 USD na koncie, możesz dokonać zakupu na kwotę 200 x 500 = 10,000 USD zabezpieczenia. Depozyt zabezpieczający to kwota, którą musisz mieć na koncie, aby skorzystać z dźwigni finansowej.

Różne rodzaje zleceń

Zlecenie Market: Kupujesz instrument po aktualnej cenie spot.

Zlecenie Limit: Jeśli aktualna cena rynkowa wynosi 100, możesz złożyć zlecenie kupna z limitem po cenie 95, aby kupić, gdy cena spadnie.

Zlecenie Stop: Jeśli aktualna cena rynkowa wynosi 100 i chcesz kupić, gdy wzrośnie powyżej 110, złóż zlecenie stop na tym poziomie, które zostanie uruchomione, gdy cena wzrośnie powyżej tego poziomu. Możesz również wykonywać tego typu zlecenia w celu sprzedaży, np. sprzedaż limit, sprzedaż stop, czy sprzedaż market.

Zlecenia Stop-Loss oraz Take-Profit

Czasami rynek porusza się szybko i jeśli nie możesz być wtedy przed swoim komputerem, możesz ustawić zlecenia wyjścia dla swoich transakcji. Zlecenia te nazywane są **stop-loss** oraz **take-profit**. Stop-loss to zlecenie, które jest uruchamiane, jeśli Twoja transakcja porusza się przeciwko Tobie i kończy się stratą. Take-profit jest przeciwieństwem, czyli tym ile zysku chcesz wyjąć z rynku.

Rozdział 2
Trading Automatyczny

Dlaczego trading automatyczny - Po co rozwijać algorytmy swojej strategii tradingowej?

Istnieje kilka zalet tradingu ilościowego. Ludzie mają uczucia i emocje związane ze swoimi pieniędzmi, wolą przegrywać małe i wygrywać duże. Wyobraźmy sobie, że właśnie wykonałeś transakcję i nie chcesz zamknąć przegranej transakcji, ponieważ trudno jest pogodzić się ze stratą. Jeśli jednak osiągasz zysk, wolisz zamknąć transakcję z niewielkim zyskiem. Możesz również doświadczyć czegoś takiego, że po zamknięciu zwycięskiej transakcji rynek kontynuuje swoją aktywność na Twoją korzyść. Emocjonalnie trudno jest przestrzegać zasady "tnij swoje straty, a zyskom pozwól rosnąć". Automatyzując swoją strategię, pozwalasz swojemu algorytmowi przeprowadzać transakcje i oddzielić Twoje uczucia od strategii. Masz wówczas wcześniej zdefiniowane reguły w swoim algorytmie, które są wykonywane bez Twojej ingerencji.

Jako ludziom, jest nam trudno monitorować wszystkie rynki i oczekiwać na wszystkie sygnały wejścia, a co więcej jest to czasochłonne. Dzięki automatyzacji tradingu oszczędzasz czas i zwiększasz liczbę instrumentów, którymi możesz handlować, ponieważ zamiast tego uruchamiasz dla nich swój algorytm. Możesz handlować, kiedy chcesz, na dowolnym rynku, bez spędzania tak dużej ilości czasu przed komputerem.

Próbując opracować strategię tradingową, przychodzi Ci do głowy kilka pomysłów. Zaczynasz studiować wykresy i patrzysz 2-3 miesiące w przeszłość, aby zobaczyć, jak strategia by się sprawdziła. Ten okres nie wystarczy, musisz przeprowadzić testy z wielu lat wstecz, aby udowodnić, że wybrana strategia jest dobra. Można to zrobić jedynie poprzez opracowanie algorytmu i przeprowadzenie kilkuletniej weryfikacji historycznej na różnych instrumentach i w różnych ramach czasowych. Jednak nie masz czasu, aby zrobić to ręcznie, ponieważ jest to czasochłonne, a czas poświęcony na opracowanie nowego systemu tradingowego będzie się kurczył. Ucząc się kodowania, stajesz się przygotowany do opracowywania nowych strategii tradingowych, a także będziesz w stanie wykryć te fałszywe.

Język programowania

Istnieje kilka języków, których możesz użyć do zaprogramowania swojej strategii tradingowej. Prawdą jest, że nie ma dużej różnicy między językami. Jeśli potrafisz kodować w jednym języku, możesz także kodować w innych językach, wystarczy wprowadzić kilka poprawek w sposobie kodowania, ale podstawy są podobne dla wielu z nich.

Będziemy korzystać z platformy Meta Trader 4. Używają programowania MQL, które jest podobne do Java/C/C#/C++. Powodów, dla których korzystamy z tej platformy, jest kilka. Przede wszystkim jest to otwarty kod źródłowy, co oznacza, że można zaprogramować strategię, przetestować ją i uruchomić na koncie demo. Społeczność tradingowa używająca tego języka jest ogromna, więc jeśli masz jakiekolwiek problemy, z łatwością rozwiązanie znajdziesz w Internecie. Nie musisz też gromadzić danych historycznych, są one już na platformie. Ponadto z tej platformy korzysta wielu brokerów, więc nie jest trudno znaleźć brokera według swoich preferencji.

Ta książka ma być praktyczna i nauczy Cię, czego potrzebujesz do zakodowania własnej strategii tradingowej.

Rozdział 3
MetaTrader oraz MetaEditor

MetaTrader

MetaTrader to platforma, na której tradujesz, masz swoje wykresy, uruchamiasz swoje algorytmy, testujesz strategie, w sumie wszystko, co wykonujesz, odbywa się na tej platformie. Możesz tutaj również tradować ręcznie. Wszystko, co normalnie możesz zrobić na platformie transakcyjnej, możesz zrobić też tutaj.

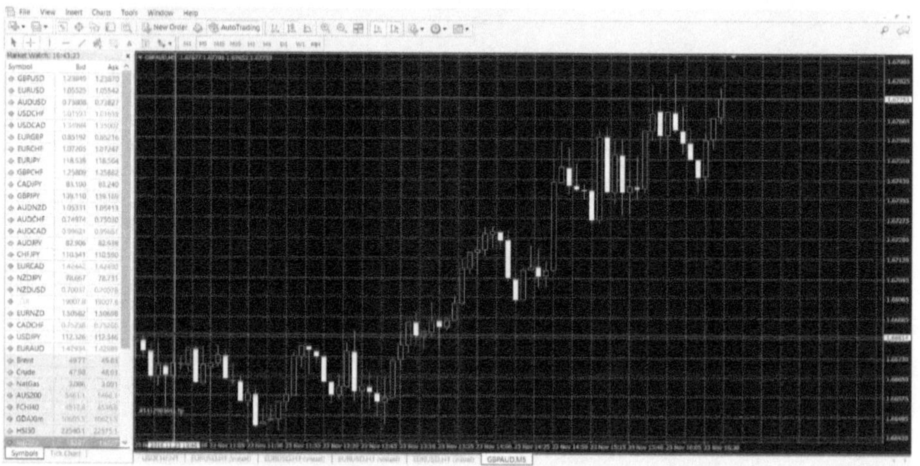

3-1 Obrazek powyżej pokazuje MetaTradera.

MetaEditor

Musimy uruchomić nasz *MetaEditor*, czyli platformę, na której tworzysz własne wskaźniki, algorytmy będące doradcami ekspertami lub piszesz skrypt po prostu go kodując. MetaTradera używasz do wykonywania tego, co kodujesz w MetaEdytorze.

Otwórz MetaTrader - Przejdź do terminala - Kliknij "żółtą książeczkę" - wtedy otworzysz MetaEditor.

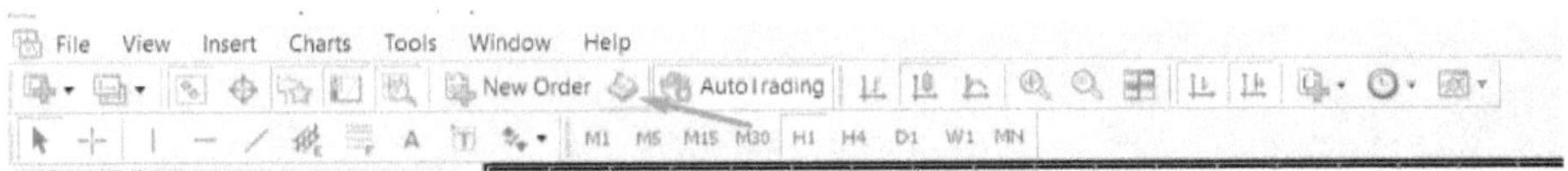

3-2 Powyżej znajduje się zdjęcie paska narzędzi MetaTradera, kliknij "żółtą książeczkę", którą jest MetaEditor.

Skrót klawiszowy to: Alt + F4

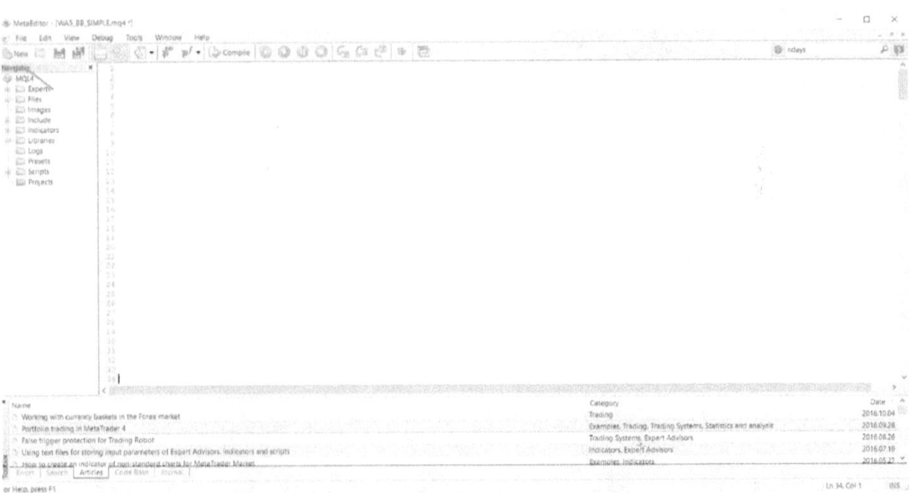

3-3 Obrazek pokazuje MetaEditor.

MetaEditor, podobnie jak MetaTrader, posiada również pasek narzędzi składający się z często używanych przycisków.

Utwórz nowy Expert Advisor/Algorytm

Na pasku narzędzi po lewej stronie masz przycisk o nazwie *Nowy*, kliknij go.

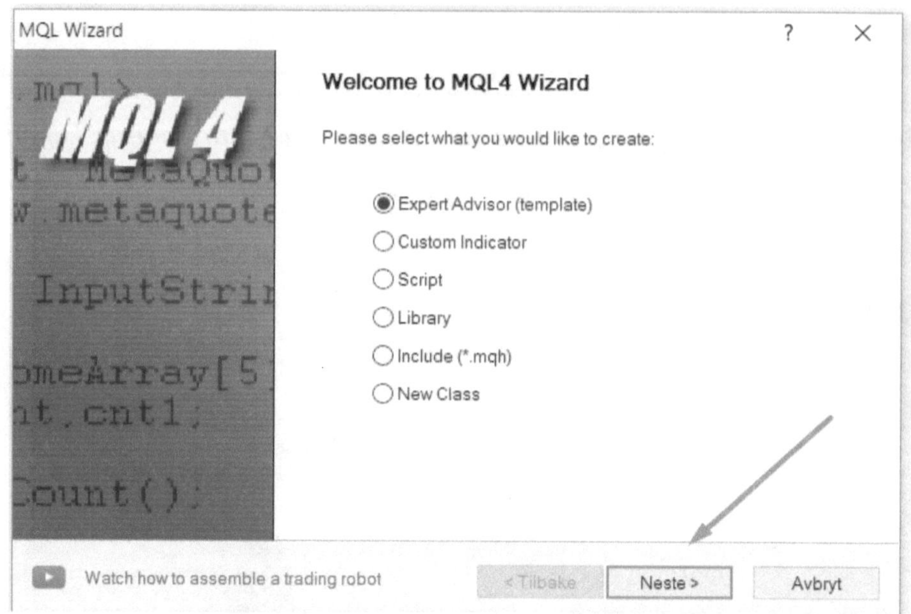

3-4 To pole pojawi się po kliknięciu przycisku Nowy (næste=dalej na polskojęzycznej platformie).

W tym edytorze masz możliwość opracowania kilku skryptów, które możesz uruchomić, lecz my użyjemy Expert Advisor, który jest algorytmem tradingowym, zaznaczamy *Expert Advisor* (*szablon*) i naciskamy dalej. Następnie pojawi się kreator, w którym musisz określić ogólne właściwości swojego algorytmu.

Nazwa: Wpisujesz nazwę swojego algorytmu

Autor: Kto jest właścicielem tego algorytmu, wpisz tutaj swoje imię

Link: Jeśli masz stronę internetową, możesz tutaj wkleić jej link

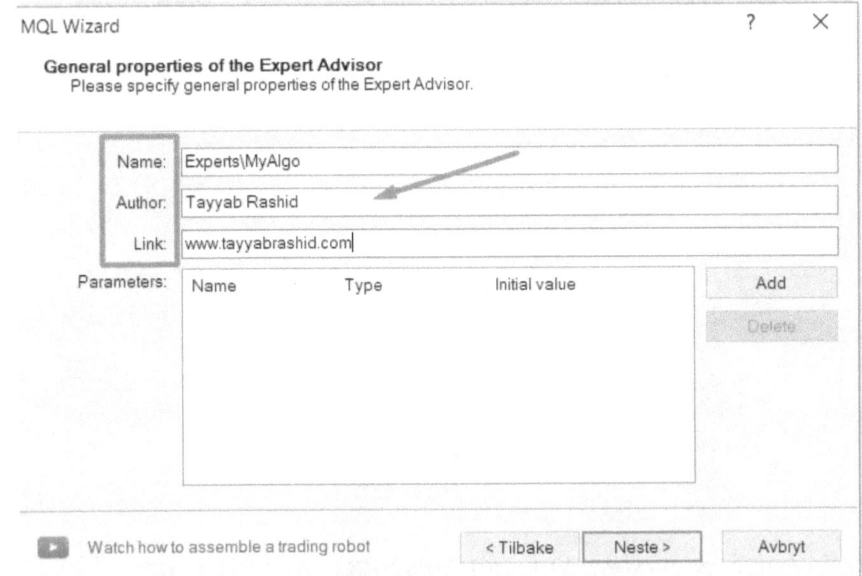

3-5 Kreator ogólnych właściwości.

Nie musisz wypełniać niczego poza ogólnymi właściwościami, pozostaw wszystko inne bez zmian i naciśnij dalej.

3-6 W następnym oknie zaznacz wszystkie pola i naciśnij dalej.

MQL Wizard   ?   ✕

Tester event handlers of the Expert Advisor
Please select the Tester event handlers of the Expert Advisor.

☐ OnTester
The OnTester function is called when the Tester event occurs.

☐ OnTesterInit
The OnTesterInit function is called when the TesterInit event occurs.

☐ OnTesterPass
The OnTesterPass function is the handler of the TesterPass event.

☐ OnTesterDeinit
The OnTesterDeinit is the handler of the TesterDeinit event.

▶ Watch how to assemble a trading robot | < Tilbake | Fullfør | Avbryt |

3-7 Również w następnym oknie zaznacz wszystkie pola i naciśnij zakończ (fullfør=zakończ na polskojęzycznych platformach)

Zrozumienie skryptu

Po ukończeniu kreatora *nowego expert advisora* powinniśmy stworzyć trzon pierwszego skryptu naszego algorytmu. Użyjemy tej sekcji, aby wyjaśnić obrazek 3-8, na którym możesz zobaczyć skrypt. Rozpocznij od dokładnego zbadania skryptu, wszystkiego co jest w nim zawarte, a nawet każdej kropki. Z racji tego, że wszystko w nim ma jakieś znaczenie i jest bardzo wrażliwe, to jeśli napiszesz coś źle, nie będziesz w stanie go później uruchomić.

```
WA5_BB_SIMPLE.mq4 *    MyAlgo.mq4                           Compiles the currently open file, F7
 4 //|                                                         www.tayyabrashid.com |
 5 //+----------------------------------1----------------------------------------+
 6 #property copyright "Tayyab Rashid"
 7 #property link      "www.tayyabrashid.com"
 8 #property version   "1.00"
 9 #property strict
                                         2
10 //+----------------------------------------------------------------------------+
11 //| Expert initialization function
12 //+----------------------------------------------------------------------------+
13 int OnInit()
14   {
15 //---
16                                    3
17 //---
18   return(INIT_SUCCEEDED);
19   }
20 //+----------------------------------------------------------------------------+
21 //| Expert deinitialization function
22 //+----------------------------------------------------------------------------+
23 void OnDeinit(const int reason)
24   {
25 //---
26
27   }
28 //+----------------------------------------------------------------------------+
29 //| Expert tick function
30 //+----------------------------------------------------------------------------+
31 void OnTick()
32   {
33 //---
34                                    5
35   }
36 //+----------------------------------------------------------------------------+
37
```

3-8 Pusty trzon lub szablon algorytmu (expert advisor).

Cała ta sekcja nazywana jest skryptem. *Jest to trzon Twojego algorytmu.*

1. MyAlgo, nazwa, którą zapisałeś w kreatorze. W edytorze każdy panel będzie algorytmem i każdy będzie miał swoją własną nazwę.

2. Ta sekcja będzie zawierała wszystko, co napisałeś w kreatorze, Twoje imię i nazwisko, nazwisko autora oraz stwierdzenie, że ten skrypt jest własnością autora.

3. Skrypt składa się z kilku funkcji, a wszystkie funkcje zostaną wykonane po uruchomieniu skryptu na rachunku rzeczywistym lub w testerze strategii. Tworzysz funkcje, w funkcjach kodujesz to, co chcesz robić i podajesz dane wejściowe. Funkcja pobiera dane wejściowe, wykonuje zakodowane w niej operacje, a następnie podaje dane wyjściowe, które kazałeś jej podać. Funkcja wykonuje wszystkie zawarte w niej operacje. Zgodnie z tym co zdefiniowano wcześniej, wszystkie skrypty zawierają trzy funkcje i tylko te trzy funkcje będą używane do wywoływania wszystkich innych funkcji (funkcje mogą wywoływać inne funkcje). Możesz mieć operację w jednej funkcji, którą wywołuje się inną funkcją. Jak widać w skrypcie, będziesz mieć trzy funkcje. Pierwsza nazywa się *int OnInit()* i zostanie ona wykonana, gdy zaczniemy używać tego algorytmu, niezależnie od tego, czy umieścimy go na wykresie, czy użyjemy go w testerze strategii. Zostanie wywołana tylko raz na początku. Jest to funkcja inicjalizacji eksperta.

4. *Void OnDeinit()* funkcja ta zostanie wywołana na końcu, gdy odłączymy nasz algorytm od wykresu lub zatrzymamy testera strategii. Jest to funkcja deinicjalizacji eksperta.

5. Ostatnią funkcją do zdefiniowania jest nasza funkcja tick. Funkcja ta jest uruchamiana przy każdym tiku, czyli za każdym razem, gdy transakcja jest wykonywana na rynku. Tak więc jeden tik reprezentuje jedną transakcję.

6. Każda linia ma swój własny numer w skrypcie, więc łatwo jest śledzić wszelkie błędy. Ważne jest, aby pamiętać, że podczas pisania pierwsza instrukcja zostanie wykonana jako pierwsza, potem następna i tak dalej.

Przycisk kompilatora

Przycisk kompilatora uruchamia Twój skrypt i sprawdza błędy, a jeśli zawiera błędy, poinformuje Cię o tym i powinieneś je niezwłocznie naprawić. Naciśnij przycisk kompilatora, aby sprawdzić, czy nie ma on błędów, i sprawdź, czy Twój algorytm działa. Zawsze naciskaj przycisk kompilatora podczas kodowania algorytmu, aby sprawdzić błędy. Jeśli sprawdzisz błędy na końcu, naprawienie tak wielu błędów naraz może być trudne. Pod skryptem otrzymasz nowe pole, jeśli nie ma błędów, pokaże ono wynik 0 błędów. Pokazuje również, ile czasu zajęło przejście przez skrypt, a w polu pokazuje, że uruchomienie tego pustego skryptu zajęło 1407 milisekund. Jeśli handlujesz z dużą częstotliwością, ważne jest efektywne kodowanie, aby skrócić czas potrzebny na uruchamianie skryptu.

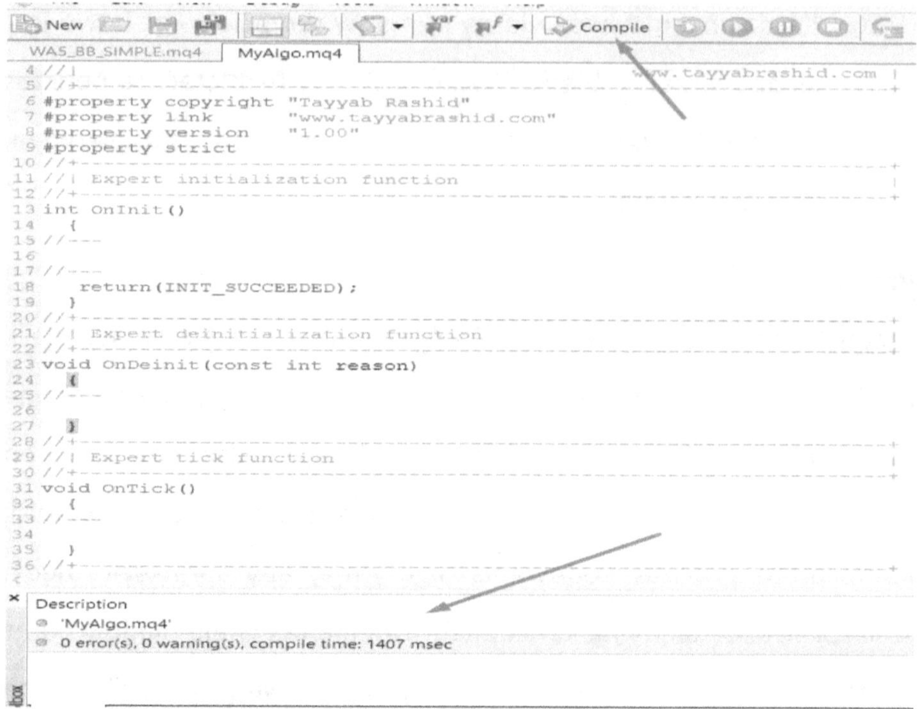

3-9 Na dole pojawi się komunikat o błędzie, jeśli coś jest nie tak ze skryptem.

Rozdział 4
Wprowadzenie Do Diagramów Sekwencji Działań

Czym jest diagram sekwencji działań?

Kiedy kodujesz lub programujesz, piszesz program, który składa się z różnych funkcji i tworzysz logikę, w której różne funkcje są wykonywane jedna po drugiej. Aby zrozumieć logikę skryptu, czasami lepiej jest użyć diagramów sekwencji działań, z których będziemy korzystać w dalszej części tej książki.

Powszechna definicja diagramu sekwencji działań:

__Diagram sekwencji działań__ to rodzaj diagramu, który przedstawia algorytm, przepływ pracy lub proces, pokazując kroki jako różnego rodzaju ramki i ich kolejność poprzez połączenie ich strzałkami. To schematyczne przedstawienie ilustruje model rozwiązania danego problemu. Diagramy sekwencji działań są wykorzystywane do analizowania, projektowania, dokumentowania lub zarządzania procesem lub programem w różnych dziedzinach.

Skrypt może działać w czasie rzeczywistym na koncie demonstracyjnym lub rzeczywistym, następnie musisz dołączyć swój algorytm do wykresu lub testu w testerze strategii. W ramach opracowywania algorytmu możesz często korzystać z testera strategii i testować swój algorytm, a następnie uruchamiać go na swoim koncie. W naszym rozwoju będziemy używać tylko testera strategii do testowania naszego skryptu.

Obiekty diagramu sekwencji działań

Kształt	Nazwa	Opis
	Linia przepływu	Strzałka wychodząca z jednego symbolu i kończąca się na innym symbolu oznacza, że kontrola przechodzi do symbolu, na który wskazuje strzałka. Linia strzałki może być ciągła lub przerywana. Znaczenie strzałki z linią przerywaną może się różnić w zależności od diagramu sekwencji działań i można je zdefiniować w legendzie.
	Terminal	Przedstawiane jako koła, owale, stadiony lub zaokrąglone prostokąty. Zwykle zawierają słowo "Początek" lub "Koniec" lub inne słowo sygnalizujące początek lub koniec procesu, np. "wyślij zapytanie" lub "odbierz produkt".
	Proces	Reprezentowane jako prostokąty. Ten kształt służy do pokazania, że coś jest wykonywane. Przykłady: "Dodaj 1 do X", "zastąp zidentyfikowaną część", "zapisz zmiany", itp.
	Decyzja	Przedstawiona jako romb pokazujący, gdzie konieczna jest decyzja, zwykle pytanie tak/nie lub test prawda/fałsz.

		Symbol warunkowy jest szczególny, ponieważ wychodzą z niego dwie strzałki, zwykle z dolnego i prawego punktu, jedna odpowiadająca Tak lub Prawda, a druga odpowiadająca Nie lub Fałsz. (Strzałki powinny być zawsze oznaczone.) Można użyć więcej niż dwóch strzałek, ale zwykle jest to wyraźny wskaźnik, że podejmowana jest złożona decyzja, w którym to przypadku może być konieczne dalsze rozbicie lub zastąpienie tego symbolem "predefiniowanego procesu". Decyzja może również pomóc w filtrowaniu danych.
	Wejście/ Wyjście	Przedstawione jako równoległobok. Polega na odbieraniu danych i wyświetlaniu przetworzonych danych. Może przechodzić tylko z wejścia na wyjście, a nie odwrotnie. Przykłady: Uzyskaj X od użytkownika; Wyświetl X.
	Predefini owane	Przedstawione jako prostokąty z podwójnymi pionowymi krawędziami. Są one używane do pokazania złożonych etapów przetwarzania, które mogą być wyszczególnione na oddzielnym

		diagramie sekwencji działań. Przykład: Pliki procesów. Jeden podprogram może mieć wiele odrębnych punktów wejścia lub przepływów wyjściowych (patrz *współprogram*). Jeśli tak, są one pokazane jako 'studnie' w prostokącie, a strzałki kontrolne łączą się z tymi 'studniami'.
⬡	Przygoto wanie	Przedstawiony jako <u>sześciokąt</u>. Może być również nazywany inicjalizacją. Pokazuje operacje, które nie mają żadnego efektu poza przygotowaniem wartości dla kolejnego kroku warunkowego lub decyzyjnego. Alternatywnie kształt ten jest używany do zastąpienia kształtu decyzyjnego w przypadku pętli warunkowej.
◯	Łącznik na stronie	Ogólnie reprezentowany przez okrąg, pokazujący, gdzie wiele przepływów kontrolnych zbiega się w jednym przepływie wyjściowym. Wchodzi w niego więcej niż jedna strzałka, ale wychodzi tylko jedna. W prostych przypadkach zamiast tego można po prostu skierować strzałkę na inną strzałkę. Są one

		przydatne do reprezentowania procesu iteracyjnego (co w informatyce nazywa się <u>pętlą</u>). Pętla może na przykład składać się z łącznika, do którego najpierw wchodzi sterowanie, etapów przetwarzania, warunku z jedną strzałką wychodzącą z pętli i jedną wracającą do łącznika. Dla dodatkowej przejrzystości, gdziekolwiek na rysunku przypadkowo przecinają się dwie linie, jedną z nich można narysować małym półkolem nad drugą, pokazując, że nie jest zamierzone żadne połączenie.

4-1 Wyjaśnienie elementów diagramu sekwencji działań.

Diagram sekwencji działań prostego szablonu algorytmu

Zaczynamy od stworzenia diagramu sekwencji działań szablonu, który stworzyliśmy w poprzednim rozdziale, z predefiniowanymi funkcjami i zobaczymy, jak to wszystko zadziała.

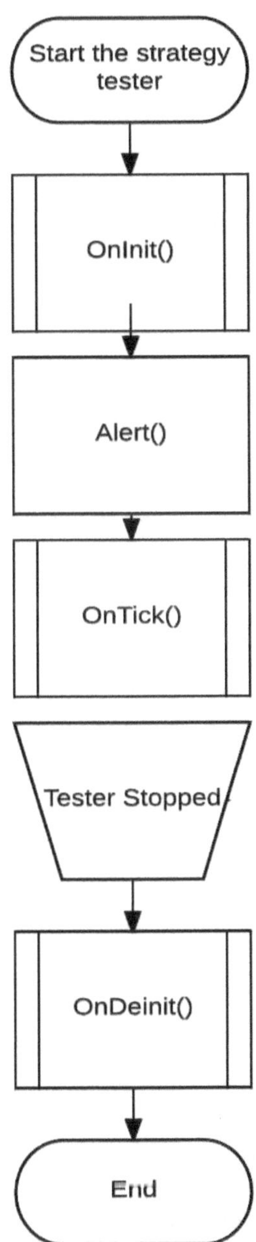

4-2 Diagram sekwencji działań prostego szablonu algorytmu z poprzedniego rozdziału.

Objaśnienie diagramu sekwencji działań z ilustracji 4-2

1. Zaczyna się od kliknięcia testera strategii i naciśnięcia przycisku na Twojej platformie.

2. Następnie wykonuje wszystko, co określono w funkcji OnInit(), wykona się to tylko raz.

3. Gdy funkcja inicjalizacji zostanie zakończona, zostanie ona również zakończona ze wszystkim w funkcji OnInit(). Następnie wywołuje ona funkcję OnTick(), która jest uruchamiana za każdym razem, gdy pojawia się nowy tik, gdy dokonano nowej transakcji na tym instrumencie. Będzie ona kontynuować działanie tej funkcji, dopóki tester strategii nie zostanie ukończony (albo ręcznie przez nas, albo przez wszystkie okresy próbne).

4. Możesz zatrzymać tester strategii ręcznie, naciskając przycisk zatrzymania, lub gdy przebieg zakończy się na określony czas, zostanie on automatycznie zatrzymany. Zwróć uwagę na kształt obiektu diagramu sekwencji działań, jest to kształt operacji ręcznych. Więc kiedy to zdarzenie nastąpi, zatrzyma działanie skryptu i wykona następną operację.

5. Kiedy zatrzymamy tester strategii, wszystko w funkcji OnDeinit() zostanie wykonane. Dotarliśmy do końca algorytmu i nasz skrypt jest gotowy.

Do tej pory powinieneś zrozumieć przepływ predefiniowanych funkcji w naszej czaszce. Zaczyna się od góry diagramu sekwencji działań i wykonuje wszystko. Po zakończeniu wykonywania wszystkiego w funkcji przekazuje kontrolę do następnej operacji w naszym diagramie sekwencji działań.

Ćwiczenie

Spróbuj usunąć OnDeinit() ze skryptu, a następnie skompiluj. Czy ma to jakiś wpływ na błąd? Czy dostałeś jakieś błędy, które musisz uwzględnić w tej funkcji?

Rozdział 5
Wprowadzenie Do Funkcji

Czym są funkcje?

Kodowanie polega na projektowaniu różnych funkcji. Masz dane wejściowe do funkcji i chcesz, aby coś ona wykonała. Możesz albo uzyskać wynik funkcji, albo po prostu użyć jej do zrobienia czegoś, na przykład do zawarcia transakcji.

Funkcja wyjściowa wygląda tak:

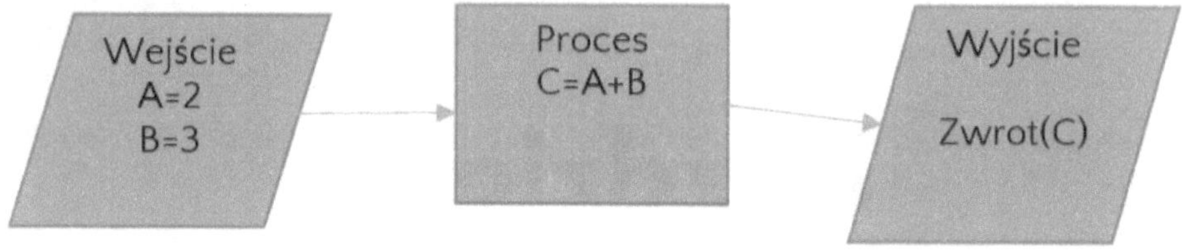

5-1 Ilustracja funkcji, która ma dane wyjściowe.

Masz zmienne wejściowe i przypisujesz im wartość. W trakcie dodajesz obie wartości wejściowe i otrzymujesz nową zmienną C, która zawiera wartość dodaną, która jest wynikiem tej funkcji. Gdy wykonasz tę funkcję, zwróci ona zmienną C, która w tym przypadku ma wartość 5.

Funkcja niewyjściowa wygląda tak:

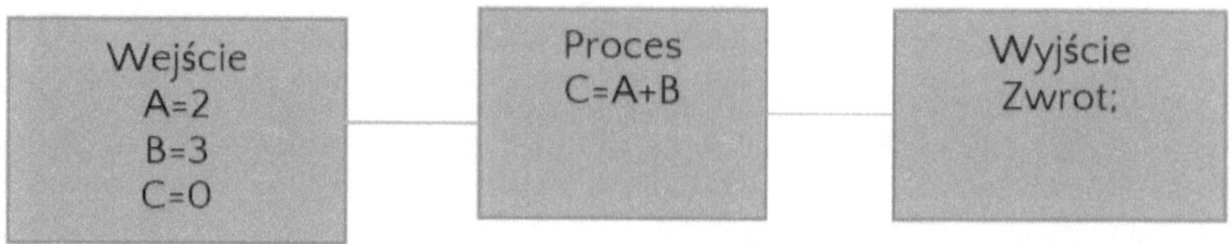

5-1 Ilustracja funkcji, która nie ma wyjścia.

Jest to drugi rodzaj funkcji, tutaj masz trzy zmienne jako wejścia a, b i c. Mają przypisane wartości 2, 3 oraz 0. Również w tym mamy proces dodawania A+B i przypisuje tę dodaną wartość do zmiennej C. Po zakończeniu procesu, C ma wartość 5 (A+B = 2+3), a funkcja nic nie zwróci i obie są nazywane funkcjami. Po prostu daje nową wartość naszej zmiennej C , lecz niczego nie zwraca.

Definiowanie zmiennych wejściowych

Możesz użyć słów i liczb w funkcji. Zawsze musisz zacząć od zdefiniowania tego rodzaju zmiennej, nazwij zmienną, a następnie przypisz wartość, której chcesz użyć w swojej funkcji.

Powiedzmy, że chcesz wykonać funkcję, która dodaje 2+3 i otrzymujemy odpowiedź. Jeśli tylko napiszemy 2+3 = Jest to nieprawidłowe, otrzymasz komunikat o błędzie i nic się nie uruchomi.

Zaczynasz od zdefiniowania zmiennych wejściowych. Liczby całkowite, takie jak 2 i 3 to typ zmiennej liczb całkowitych (int).

Takie zmienne wejściowe jak ta piszesz:

```
int A=2;
int B=3;
int C=0;
```

5-3

Wszystkie trzy są zmiennymi typu całkowitego, więc zaczynają się od słowa int, spacji, a następnie piszemy naszą zmienną. Musimy nazwać tę wartość, nasza wartość 2 nazywa się A. Więc w procesie, gdy chcesz użyć liczby 2, używasz jej, pisząc nazwy zmiennych, takich jak C=A+B.

Należy również zwrócić uwagę na średnik na końcu każdej zmiennej. Przypisanie wartości do każdej ze zmiennych jest osobną operacją, a każdą operację kończymy średnikiem. Powyżej mamy trzy operacje, gdy program czyta nasz skrypt po średniku wie, że jedna operacja została zakończona. Przypisuje jej wartość i przechodzi do następnej operacji, przypisując wartość następnej zmiennej. *Średnika będziemy używać za każdym razem, gdy operacja zostanie zakończona*. To jak kropka w zdaniu.

Różne rodzaje zmiennych w Mql4

Liczba całkowita: Ta zmienna to liczby całkowite, czyli 1,2,3,4

Przykład:

```
int ShortMA=20;
int LongMA=100;
```

5-4

Zadeklarowaliśmy zmienne, które mogą być zmiennymi wejściowymi dla różnych okresów średniej ruchomej w funkcji średniej ruchomej. Zwróć ponownie uwagę na średnik.

Podwójne: Jest to zmienna, która jest liczbą z ułamkiem dziesiętnym 1.02, 0.02, itd.

Przykład:

```
double Stoploss=0.0020;
```

5-5

Ciąg: Jest rodzajem tekstu i zawsze musi być pisany w cudzysłowie,

np. "Hedge", "Martingale" lub "EURUSD"

Przykład:

```
string word="helloword";
```
5-6

Bool: Jest to zmienna, która może mieć wartość PRAWDA lub FAŁSZ,

jest to typ zerojedynkowy.

Przykład:

```
bool yes=TRUE;
```

5-7

Ćwiczenie:

Zdefiniuj jakiego rodzaju zmienną jest:

John, 1.2, 50, 100 i Twój System Transakcyjny.

Rodzaje funkcji

Rodzaje funkcji są określane na podstawie tego, jaki wynik chcesz z

nich uzyskać. Możemy zacząć od podzielenia funkcji na dwie główne

grupy w zależności od tego, czy dają wynik, czy nie.

<u>Rodzaje funkcji wyjściowych</u>

Liczba całkowita: Taka sama jak zmienna wejściowa, jeśli tworzysz funkcję, w której wyjście jest liczbą całkowitą, to jest rodzaj funkcji.

Podwójne: To samo co podwójna zmienna wejściowa, jeśli Twoje dane wyjściowe mają zawierać ułamki dziesiętne, potrzebujesz tego rodzaju funkcji.

Ciąg: Taki sam jak zmienna wejściowa typu ciągowego, jeśli Twoje dane wyjściowe mają być typu tekstowego, to jest odpowiedni rodzaj funkcji.

Zerojedynkowy: Tak samo jak w przypadku zerojedynkowej zmiennej wejściowej, jeśli Twoje wyjście ma stwierdzić fałsz lub prawdę, jest to rodzaj funkcji zerojedynkowej.

To, co je wszystkie łączy, to to, że coś zwracają.

<u>Rodzaje funkcji niewyjściowej</u>

Jest tylko jeden taki rodzaj i nazywa się to **void**. Jest to funkcja, która wykonuje tylko to, co jest w funkcji, ale nie daje wyjścia, niczego nie zwraca. Najczęściej jest używana do obliczenia innej zmiennej, którą zdefiniowaliśmy, ale której jeszcze nie przypisaliśmy wartości, lub do wykonania innej funkcji.

Obiekty funkcji

```
functiontype FunctionName()
{
return;
}
```

5-9

Rysunek 5-9 przedstawia obiekty funkcji.

Rodzaj funkcji: Może to być liczba całkowita, podwójna, ciąg lub zerojedynkowa, jeśli jest to funkcja wyjściowa, lub void, jeśli nie jest to funkcja wyjściowa.

Nazwa Funkcji: Tutaj wpiszesz nazwę swojej funkcji, po której następują nawiasy otwierające i zamykające (). Zobacz również, że zakończyliśmy linię, ale tym razem nie kończymy linii średnikiem, ponieważ nie zakończyliśmy jeszcze tego procesu. Podobnie jak sama linia, ten rodzaj funkcji i nazwa funkcji nie mają sensu.

Nawiasy otwierające i zamykające: Cała funkcja musi znajdować się w wierszu po zdefiniowaniu rodzaju i podaniu nazwy zakończonej nawiasami okrągłymi. Następną linią powinien być nawias otwierający {, który sygnalizuje początek funkcji. Wszystko, co napiszesz po nawiasie, następujące wiersze zostaną wykonane po wywołaniu tej funkcji. Zamykamy funkcję nawiasem zamykającym }, aby zdefiniować koniec funkcji, <u>ale przed końcem musimy napisać</u>

<u>zwrot; Jeśli jest to typ void i *zwrot*(to, co chcemy zwrócić), jeśli jest to</u> funkcja wyjściowa.

Zadanie 1: Utwórz funkcję, w której masz trzy zmienne wejściowe A, B i C.

A=3

B=4

C=0

Tam, gdzie funkcja doda A + B i przypisze wartość do C, wówczas C powinna być zmienną wejściową i nazwij ją MyFunction.

```
int MyFunction()
{
    int A=3;
    int B=4;
    int C=0;

    C=A+B;
    return(C);

}
```

5-10

Powyżej możesz zobaczyć funkcję wyjściową, ponieważ mamy typ wyjściowy liczby całkowitej, który jest liczbą całkowitą, rodzajem funkcji jest int. Następnie nadajemy jej nazwę MyFunction() i ustawiamy nawias otwierający. Następnie definiujemy wszystkie zmienne, których będziemy używać, są one typem liczby całkowitej, kończymy je średnikami. Po nadaniu C wartości dodanej zwracamy C, co oznacza, że za każdym razem, gdy wywołujemy funkcję pisząc: MyFunction(); równa się wartości 7, która jest wartością zwracaną.

Zadanie 2:

Utwórz funkcję, w której masz trzy zmienne wejściowe A, B i C.

A=3

B=4

C=0

Gdzie funkcja doda A + B i przypisze wartość do C, a następnie użyj funkcji drukowania do wydrukowania C i nazwij ją MyFunction.

```
void MyFunction()
{
    int A=3;
    int B=4;
    int C=0;

    C=A+B;
    Print(C);

}
```

5-11

Mamy tę samą operację w tej funkcji, ale różnica polega na rodzaju i celu funkcji, niczego ona nie zwróci. Po prostu wydrukuje wartość C w Dzienniku Terminali. Kiedy spróbujesz wywołać MyFunction(); niczego ona nie zwróci.

Alerty "Witaj Świecie"

Pobawmy się tym trochę, abyśmy zrozumieli, jak działają funkcje i po raz pierwszy uruchomili nasz algorytm. Napiszmy operację.

Alert("Witaj Świecie");

Alert() to funkcja w metatraderze.

"Witaj Świecie" to zdanie, które chcemy wyświetlić, zdanie musi być zapisane w cudzysłowach. Na końcu operacji zaznaczamy, że ta operacja została zakończona i zamykamy instrukcję średnikiem ";". Zobaczmy plik pomocy dla tej funkcji. *Zaznaczasz "Alert" i naciskasz F1.*

Alert

Displays a message in a separate window.

```
void  Alert(
   argument,       // first value
   ...             // other values
   );
```

Ta funkcja wyświetla komunikat w osobnym oknie.

Najpierw więc piszemy tę funkcję w funkcji OnInit() i naciskamy kompilację. Polub to:

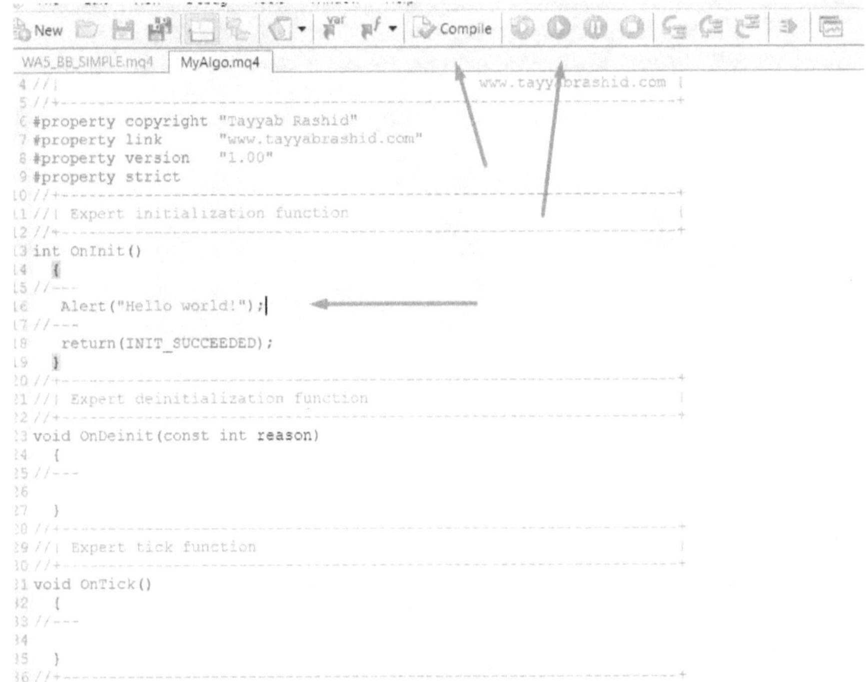

Po naciśnięciu kompiluj, nie dostajemy żadnych błędów. Następnie przechodzimy do naszego Metatradera i próbujemy uruchomić skrypt.

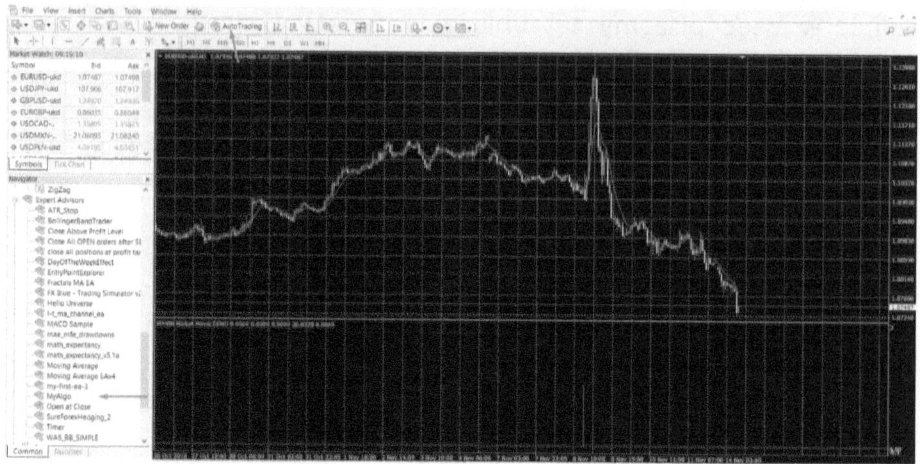

5-12 Przejdź do terminala, włącz AutoTrading i przeciągnij oraz upuść MyAlgo na swoim wykresie.

Musimy najpierw włączyć automatyczny trading, a następnie przejść do naszego okna nawigatora po lewej stronie i przeciągnąć "MyAlgo" i upuścić na wykresie.

Pojawi się następne okno, kliknij "OK".

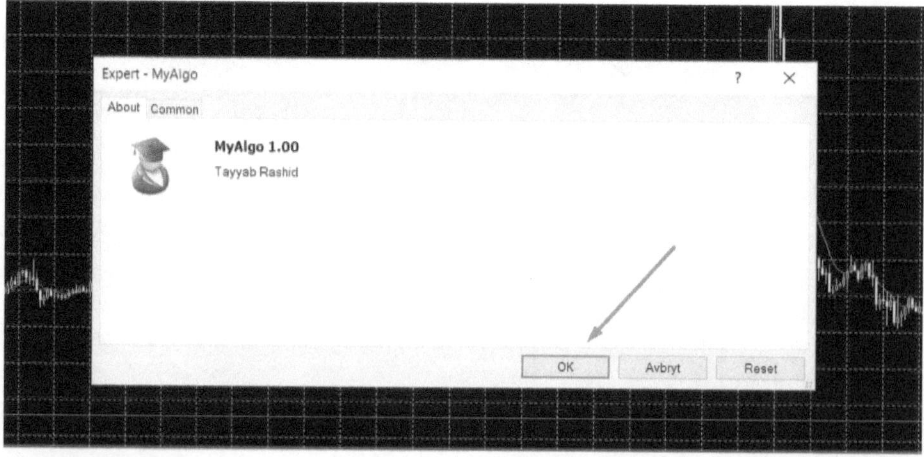

5-12 Kliknij OK.

Teraz algorytm działa na tym wykresie i przedziale czasowym. Zaraz po tym, jak otrzymasz Alert, to dlatego, że mieliśmy funkcję Alert() w funkcji Inicjalizacja(OnInit()) i jest ona uruchamiana raz na początku Twojego algorytmu.

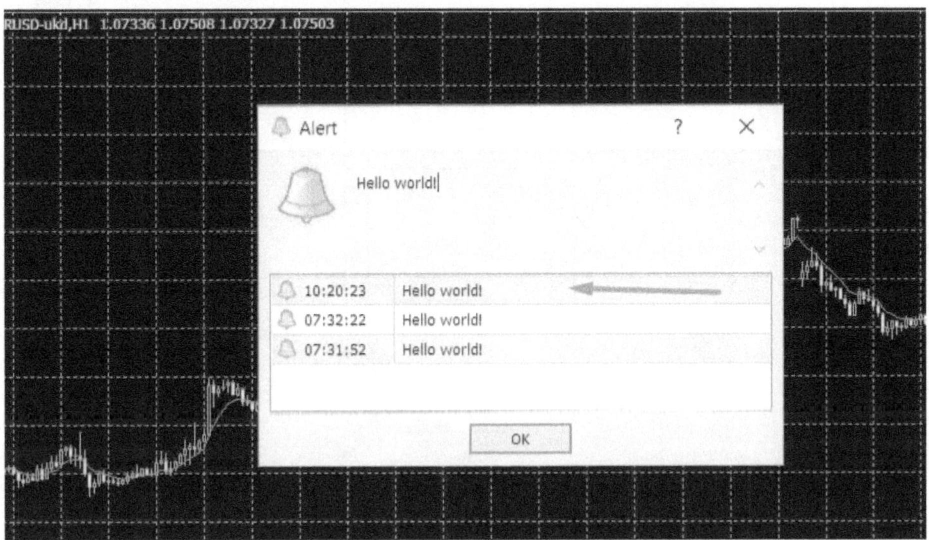

5-13 W ten sposób Alert będzie wyświetlany na Twoim terminalu.

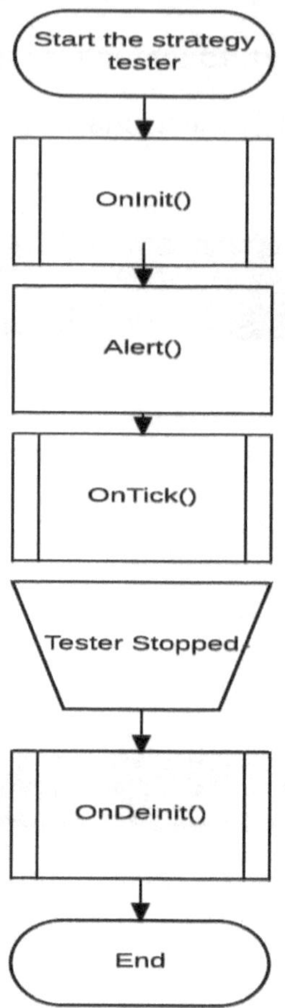

5-14 Diagram sekwencji działań, gdy mamy funkcję Alert() w OnInit()

Widzisz, jak sekwencje działań postępują, po uruchomieniu wywołuje funkcję OnInit(), która wywołuje funkcję Alert(). Po wykonaniu funkcji Alert() przekazuje sterowanie do funkcji Ontick().

Poeksperymentujmy teraz, umieść funkcję Alert() w funkcji Deinicjalizacji, a następnie skompiluj i upuść ponownie na wykresie.

Najpierw musimy usunąć algorytm z wykresu. Kliknij prawym przyciskiem myszy wykres i otwórz rozwijane menu. Kliknij Expert Advisor - Usuń.

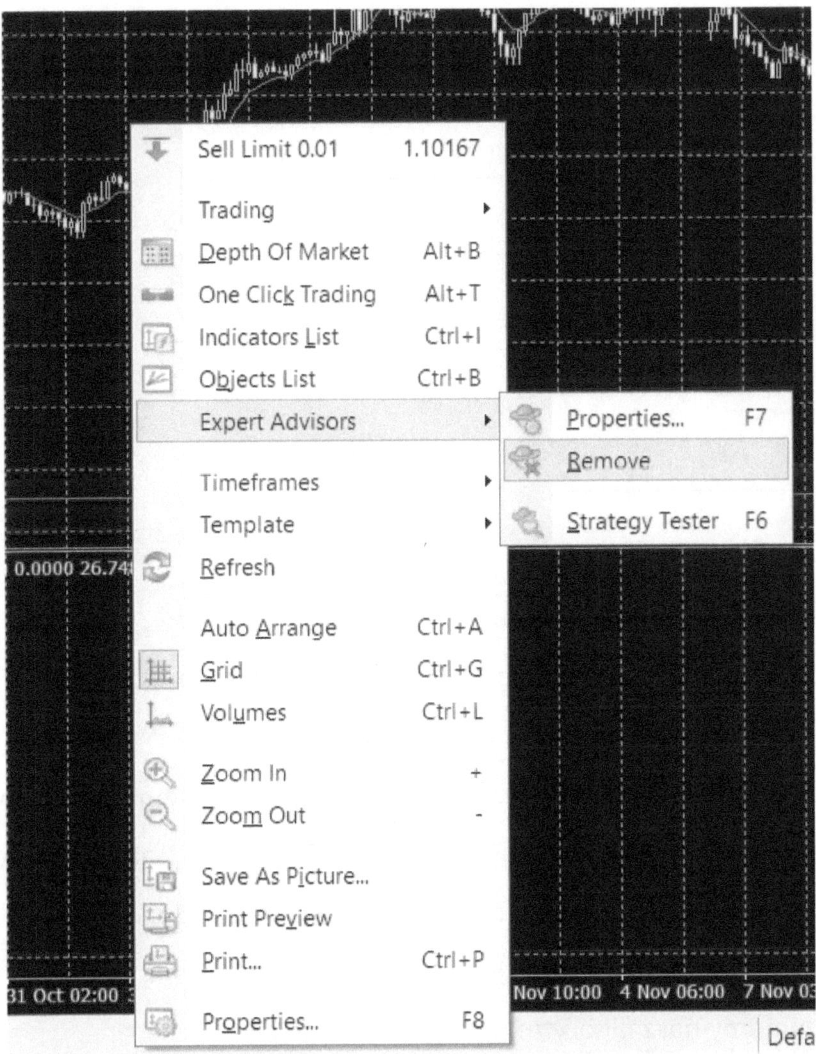

5-15 Jak usunąć swój algorytm z wykresu lub go zatrzymać.

```
WA5_BB_SIMPLE.mq4    MyAlgo.mq4

 4 //|                                          www.tayyabrashid.com |
 5 //+-----------------------------------------------------------------+
 6 #property copyright "Tayyab Rashid"
 7 #property link      "www.tayyabrashid.com"
 8 #property version   "1.00"
 9 #property strict
10 //+-----------------------------------------------------------------+
11 //| Expert initialization function                                  |
12 //+-----------------------------------------------------------------+
13 int OnInit()
14   {
15 //---
16
17 //---
18    return(INIT_SUCCEEDED);
19   }
20 //+-----------------------------------------------------------------+
21 //| Expert deinitialization function                                |
22 //+-----------------------------------------------------------------+
23 void OnDeinit(const int reason)
24   {
25 //---
26    Alert("Hello world!");
27   }
28 //+-----------------------------------------------------------------+
29 //| Expert tick function                                            |
30 //+-----------------------------------------------------------------+
31 void OnTick()
32   {
33 //---
34
35   }
36 //+-----------------------------------------------------------------+
```

5-16 Jeśli umieścimy funkcję Alert() w funkcji OnDeinit().

Tutaj przenieśliśmy naszą funkcję z OnInit() do OnDeinit(). Ponownie przeciągamy i upuszczamy, nic się nie stanie, ale jeśli teraz spróbujesz usunąć swój algorytm z wykresu, pojawi się Alert. Ponieważ wszystkie funkcje w OnDeinit uruchomią funkcję, gdy zatrzymamy nasz algorytm. Patrz diagram 5-17.

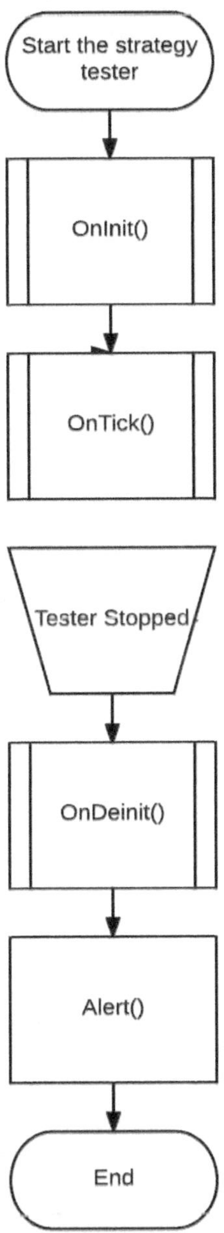

5-17 Diagram sekwencji działań, jeśli umieścisz funkcję Alert() w funkcji OnDeinit().

Umieśćmy naszą funkcję Alert w funkcji OnTick(), która uruchamia funkcję przy każdym tiku. Komunikaty będziesz otrzymywać cały czas, do momentu zatrzymania testera lub usunięcia algorytmu z wykresu.

```
  WA5_BB_SIMPLE.mq4   |   MyAlgo.mq4
 7 #property link        "www.tayyabrashid.com"
 8 #property version   "1.00"
 9 #property strict
10 //+------------------------------------------------------------------+
11 //| Expert initialization function                                   |
12 //+------------------------------------------------------------------+
13 int OnInit()
14   {
15 //---
16
17 //---
18    return(INIT_SUCCEEDED);
19   }
20 //+------------------------------------------------------------------+
21 //| Expert deinitialization function                                 |
22 //+------------------------------------------------------------------+
23 void OnDeinit(const int reason)
24   {
25 //---
26
27   }
28 //+------------------------------------------------------------------+
29 //| Expert tick function                                             |
30 //+------------------------------------------------------------------+
31 void OnTick()
32   {
33 //---
34    Alert("Hello world!");
35   }
36 //+
```

5-20 W ten sposób umieścimy funkcję Alert() w funkcji OnTick(). Wywołujemy funkcję, nazywając funkcję nawiasami, wejściem i kończąc ją średnikiem.

Funkcja tick będzie wywoływać funkcję Alert() przy każdym tiku, za każdym razem, gdy nastąpi nowa transakcja.

Po skompilowaniu algorytmu przeciągasz algorytm z okien nawigatora i ponownie upuszczasz na wykres. Zobaczysz teraz, że funkcja alertu jest często wywoływana przy każdym zaznaczeniu na ekranie.

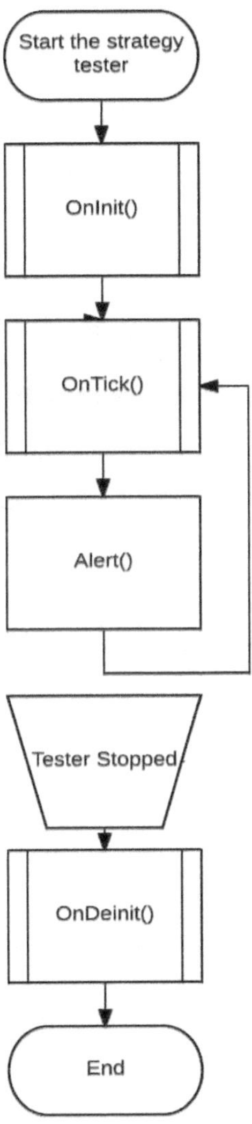

5-19 Diagram sekwencji działań po umieszczeniu funkcji Alert() w funkcji OnTick().

Co powinieneś wiedzieć teraz.

- Jak zacząć pisać skrypt - Nowy Algorytm

- Funkcje OnInit(), OnDeinit() i Ontick().

- Jak skompilować swój algorytm

- Jak uruchomić swój algorytm

- Jak zatrzymać działający algorytm

- Jak wyświetlić alert

Zadeklaruj różne zmienne wejściowe

Są dwa miejsca. Jedno z miejsc nazywa się obszarem globalnym, zadeklarowane tu zmienne mogą być użyte w dowolnej innej funkcji, a obszar ten to przede wszystkim funkcje, powyżej funkcji OnInit() również.

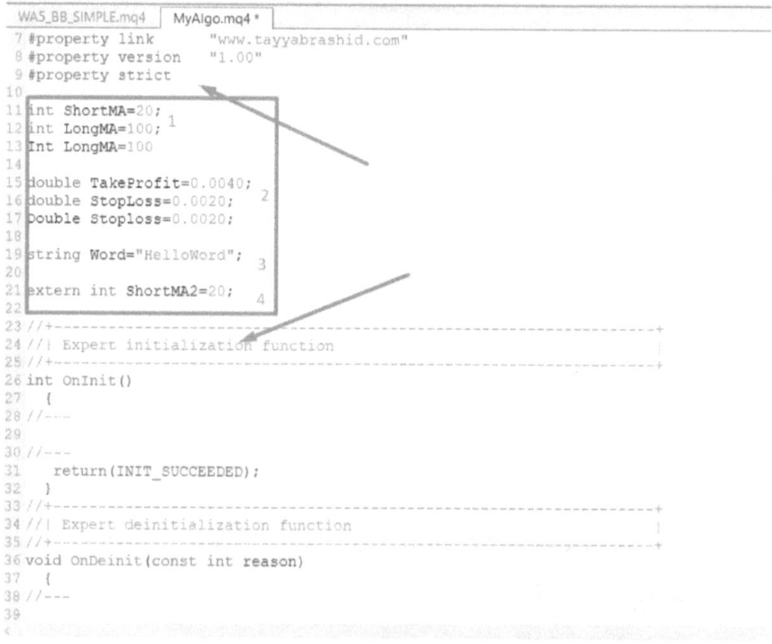

5-20 Jak deklarujemy zmienne wejściowe w obszarze globalnym.

1. Aby zadeklarować zmienną całkowitą, której używamy int, należy pamiętać, że ten język programowania uwzględnia wielkość liter, więc jeśli napiszesz INT lub Int, otrzymasz komunikat o błędzie. Widzisz, że kiedy piszemy int we właściwy sposób, otrzymujemy to słowo na niebiesko, ale kiedy piszemy Int, otrzymujemy to słowo na czarno, co jest nieprawidłowe. Następnie, co jest ważne, widzisz w linii 13, że nie mamy średnika po instrukcji, co oznacza, że nie zamknęliśmy tej instrukcji, co jest kolejnym błędem.

Oto cztery wnioski jakie z tego płyną:

1. int= Jest to zmienna typu liczby całkowitej
2. Nazwa zmiennej to *ShortMA*
3. Wartość przypisana do tej zmiennej to 20
4. Każde samodzielne stwierdzenie zamykamy średnikiem;

2. Używamy *podwójnej*, aby powiedzieć, jakiego rodzaju jest to zmienna, jest to zmienna z wartością liczbową, która zawiera miejsca dziesiętne, i przypisujemy jej wartość.

3. Używamy ciągu znaków, aby powiedzieć, jaki to rodzaj zmiennej, nazwa zmiennej jest słowem, a następnie przypisujemy "Witaj Świecie" jako wartość, pamiętamy o

cudzysłowach i dodajemy oraz zamykamy tę operację lub instrukcję średnikiem.

4. Wszystkie te zmienne są deklarowane ponad wszystkimi innymi funkcjami, co jest kluczowe, ponieważ wtedy możemy ich używać we wszystkich poniższych funkcjach. Program ten wykonuje najpierw pierwszą instrukcję, a następnie tą poniżej. Tak więc, jeśli masz funkcję w linii 5, ale zmienna używana w funkcji znajduje się w linii 15, to ta funkcja nie będzie miała zmiennej do użycia, ponieważ nie została zadeklarowana. *Wszystkie te zmienne są zadeklarowane poza jakąkolwiek funkcją, co oznacza, że wszystkie z nich mogą być użyte w dowolnej funkcji poniżej, ale jeśli zadeklarowaliśmy zmienną w funkcji, możemy użyć tej zmiennej tylko w tej konkretnej funkcji.*

Jako ostatnie na powyższym obrazku możesz zobaczyć, że ostatnia zmienna ma przed sobą zapisany *extern*. Dzieje się tak, ponieważ teraz możemy zmienić tę zmienną podczas testowania strategii (uruchamiając ten algorytm) i możemy ją zoptymalizować.

W powyższym skrypcie, jeśli usuniesz wiersze 13 i 17, a następnie skompilujesz, nie pojawią się żadne błędy i możesz uruchomić swój skrypt. Następnie przeciągnij i upuść ten algorytm na dowolny wykres, a otrzymasz pole, kliknij panel o nazwie wejście, zobaczysz, że tylko zmienna, w której mamy extern, może zostać zmieniona. Dlatego jeśli używasz zmiennej, którą chcesz zmieniać, po prostu musisz napisać przed nią extern.

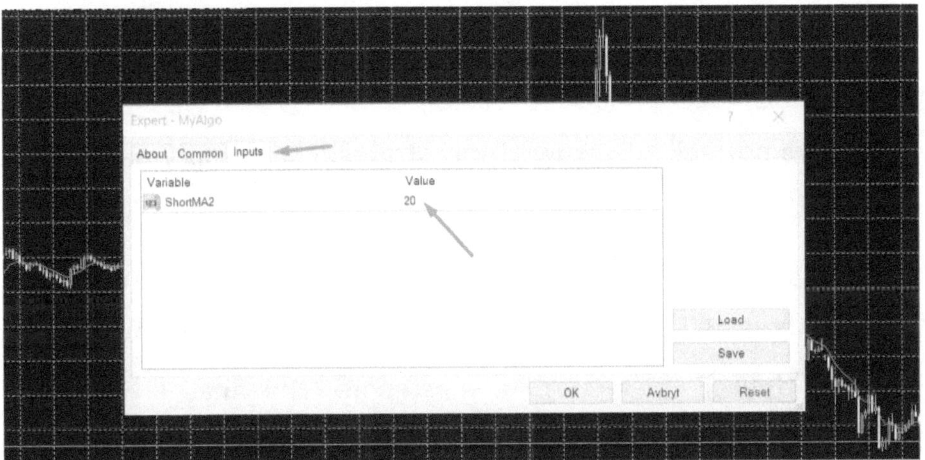

5-21 Pole wejściowe, gdy używasz zmiennych zewnętrznych.

Rysunek 5-21 ilustruje, w jaki sposób używamy zmiennych lokalnych, te zmienne są deklarowane w funkcji i mogą być używane tylko przez tę funkcję.

```
void MyFunction()
{
    int A=3;
    int B=4;
    int C=0;

    C=A+B;
    Print(C);

}
```

5-21 Pokazuje to jak zmienne wejściowe pojawiają się w obszarze lokalnym.

Zmiennej globalnej używamy, gdy chcemy zmienić zmienną wejściową później, gdy prowadzimy strategię lub ją optymalizujemy. Może być używany w obszarze globalnym, gdy istnieje kilka funkcji korzystających z tej samej zmiennej wejściowej. Być może zaprojektowałeś funkcję, w której przypisujesz wartość zmiennej za pomocą funkcji pierwszej, a następnie zmienna z wartością przypisaną przez funkcję pierwszą jest używana przez funkcję drugą.

Co powinieneś wiedzieć z tego rozdziału:

- Używane różne rodzaje zmiennych, ciąg, liczby całkowite i podwójne

- Jak zadeklarować zmienną

- Jak zakończyć instrukcję lub operację

- Aby w tym języku programowania rozróżniana była wielkość liter, należy napisać właściwą literę

- Gdzie w skrypcie należy zadeklarować zmienne

- Jak deklarować zmienne, które można zmienić

Rozdział 6
Funkcja NewOrder()

Opis funkcji

Zamierzamy stworzyć funkcję o nazwie NewOrder(). Będzie to funkcja rodzaju void, która niczego nie zwraca. Pamiętaj, że dla void musimy pisać małymi literami.

Tworzenie funkcji

```
void NewOrder()
{
return;
}
```

6-1 Zaczynamy od wpisania void, nazwy funkcji, nawiasu otwierającego i zamykającego.

To początek pisania funkcji, jeszcze nic w niej nie napisaliśmy, to pusta czaszka. Jest to otwieranie i zamykanie funkcji. Rodzaj jest nieważny, ponieważ funkcja ta niczego nie zwróci, nazwa to NewOrder, po której następują nawiasy otwierające i zamykające. W następnym wierszu mamy nawias otwierający, a następnie przed nawiasem zamykającym funkcji piszemy return;

```
  WA5_BB_SIMPLE.mq4    MyAlgo.mq4 *
12 //| Expert initialization function                                    |
13 //+-----------------------------------------------------------------+
14 int OnInit()
15   {
16 //---
17
18 //---
19    return(INIT_SUCCEEDED);
20   }
21 //+-----------------------------------------------------------------+
22 //| Expert deinitialization function                                |
23 //+-----------------------------------------------------------------+
24 void OnDeinit(const int reason)
25   {
26 //---
27
28   }
29 //+-----------------------------------------------------------------+
30 //| Expert tick function                                            |
31 //+-----------------------------------------------------------------+
32 void OnTick()
33   {
34 //---
35
36   }
37 //+-----------------------------------------------------------------+
38 //+-----------------------------------------------------------------+
39 //|Our own New order send function                                  |
40 //+-----------------------------------------------------------------+
41 void NewOrder()
42 {
43 return;
44 }
```

6-3 Nowa funkcja znajduje się poniżej wszystkich innych funkcji, predefiniowanych funkcji.

Ważne jest, aby wiedzieć, że wszystkie funkcje, które zbudujemy, zostaną zapisane w skrypcie poniżej naszych predefiniowanych funkcji.

Stworzymy teraz funkcję, która ma następujące zmienne wejściowe w obszarze globalnym:

Podwójna zewnętrzna funkcja TakeProfit=0.0050

Podwójna zewnętrzna funkcja StopLoss=0.0025

Podwójna zewnętrzna funkcja LotSize=0.01

Wszystkie mają extern, co oznacza, że można je zmienić podczas uruchamiania tej strategii lub w testerze strategii.

OrderSend()

Jest to funkcja rodzaju liczb całkowitych, która zwraca wartość 1, jeśli zlecenie rynkowe zostało otwarte i wartość ujemną, jeśli zlecenie rynkowe nie zostało pomyślnie otwarte.

Wynik int=OrderSend(); Mamy zmienną przechowującą o nazwie Wynik, która będzie przechowywać wartość zwracaną przez tę funkcję.

Funkcja OrderSend() ma kilka zmiennych wejściowych, które oddzieliłeś przecinkami.

1. Symbol, ten zapiszemy jako Symbol(), ponieważ funkcja ta zwróci symbol wykresu, na którym działa ten algorytm.

2. Rodzaje zleceń. Mamy 6 różnych rodzajów zleceń.
   a. OP_BUY= Rynkowe zlecenie kupna
   b. OP_SELL= Rynkowe zlecenie sprzedaży
   c. OP_BUYLIMIT= Zlecenie kupna z limitem
   d. OP_BUYSTOP = Zlecenie kupna ze stopem
   e. OP_SELLLIMIT=Zlecenie sprzedaży z limitem
   f. OP_SELLSTOP= Zlecenie sprzedaży ze stopem

3. Kwota lub rozmiar lota, ponieważ możemy albo wpisać tutaj rozmiar lota bezpośrednio, albo mieć zmienną, do której przypisaliśmy kwotę rozmiaru lota i ją zapisać.

4. Cena może być ask lub bid. Jako, że chcemy kupić, używamy aktualnej ceny sprzedaży. Nigdy nie zrealizujemy naszego zlecenia po cenie ofertowej, jeśli chcemy kupić. Spróbuj użyć ceny bid, a nie dokonasz żadnej transakcji, jeśli chcesz kupić.

5. Poślizg cenowy. Do jakiego stopnia poślizgu cenowego dopuszczamy, czyli jaka może być różnica między ceną, którą widzimy jako ofertę, a rzeczywistą ceną, którą otrzymujemy za nasze zamówienie. Ustawimy go na 3 pipsy.

6. Stoploss, jeśli ustawimy go na 0, nie będziemy mieli żadnego stop lossa. Możemy albo wpisać wartość bezpośrednio w to pole, przypisać wartość do zmiennej i zamiast tego wpisać zmienną. Przypisaliśmy już wartość do naszej zmiennej StopLoss, więc użyjemy jej zamiast tego. Ponieważ jest to zlecenie kupna, musimy odjąć stoploss od ceny sprzedaży, a ten poziom ceny będzie naszym stop lossem.

7. Podobnie jak Stoploss, użyjemy zmiennej Takeprofit. Ale w przypadku zleceń kupna musimy dodać zysk do ceny sprzedaży, aby uzyskać pożądany przez nas poziom zysku.

8. Komentarz, jeśli chcemy, aby pojawił się jakikolwiek komentarz, zapisujemy go jako ciąg znaków z cudzysłowami lub NULL, jeśli nie chcemy żadnego komentarza. Użyliśmy tutaj NULL.

9. Magiczna liczba: Używamy 1234. Nie jest to nic specjalnego, ale możesz mieć inną liczbę magiczną, jeśli używasz kilku algorytmów na tej samej parze.

10. Zmienna ta to czas wygaśnięcia, jeśli chcesz, aby to zlecenie zostało anulowane, to jeśli ustawisz je na 0, nigdy nie zostanie anulowane. Ta zmienna jest w sekundach.

11. Strzałka, jeśli chcesz zaznaczyć jakąkolwiek strzałkę na wykresie, kiedy ta transakcja zostanie wykonana, napisz to tutaj, ale nie chcemy tego, więc piszemy po prostu clrNONE.

Do tej pory powinieneś zakończyć swoją funkcję OrderSend() i zamknąć ją nawiasami zamykającymi oraz średnikiem, powinieneś mieć tę funkcję:

```
void NewOrder()
{
    int
Result=OrderSend(Symbol(),OP_BUY,LotSize,Bid,3,StopLoss,TakeProfit,NULL,1234,0,clrNONE);
return;
}
```

6-4 Nasza pierwsza funkcja NewOrder() została zakończona.

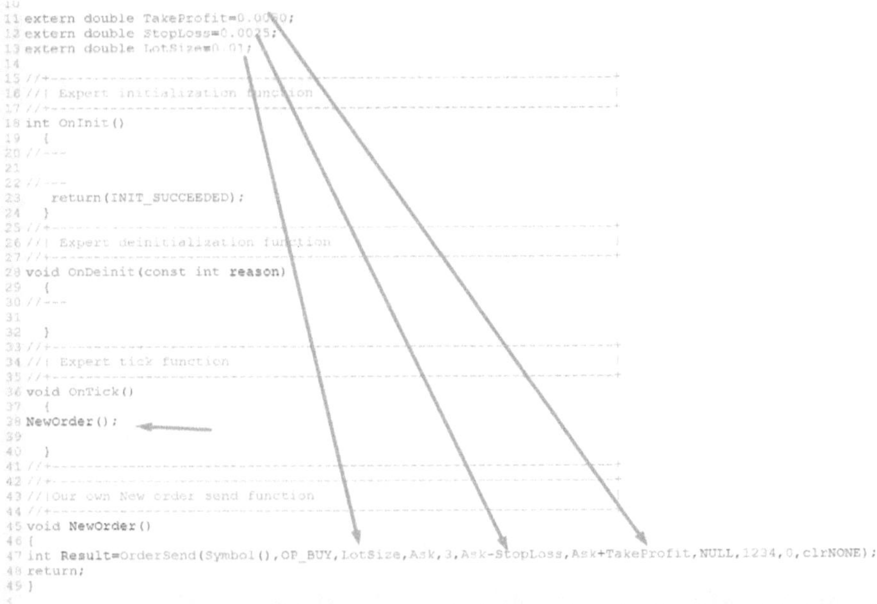

```
10
11 extern double TakeProfit=0.0050;
12 extern double StopLoss=0.0025;
13 extern double LotSize=0.01;
14
15 //+------------------------------------------------------------------+
16 //| Expert initialization function                                   |
17 //+------------------------------------------------------------------+
18 int OnInit()
19   {
20 //---
21
22 //---
23    return(INIT_SUCCEEDED);
24   }
25 //+------------------------------------------------------------------+
26 //| Expert deinitialization function                                 |
27 //+------------------------------------------------------------------+
28 void OnDeinit(const int reason)
29   {
30 //---
31
32   }
33 //+------------------------------------------------------------------+
34 //| Expert tick function                                             |
35 //+------------------------------------------------------------------+
36 void OnTick()
37   {
38 NewOrder();
39
40   }
41 //+------------------------------------------------------------------+
42 //+------------------------------------------------------------------+
43 //|Our own New order send function                                   |
44 //+------------------------------------------------------------------+
45 void NewOrder()
46 {
47 int Result=OrderSend(Symbol(),OP_BUY,LotSize,Ask,3,Ask-StopLoss,Ask+TakeProfit,NULL,1234,0,clrNONE);
48 return;
49 }
```

6-5 Zewnętrzne zmienne wejściowe znajdują się w obszarze globalnym przed wszystkimi funkcjami, nawet predefiniowanymi.

Widzisz, że wszystkie zmienne są zadeklarowane na początku, funkcja jest poniżej wszystkich trzech predefiniowanych funkcji.

Zmienne są zdefiniowane ponad wszystkimi funkcjami i są używane w funkcji. W naszej funkcji używamy nazw zmiennych, a nie samych wartości. Funkcja OrderSend() kończy się średnikiem, ponieważ operacja ta jest zakończona, więc gdy zamkniemy całą funkcję zwrotem; Jak widać, wywołujemy funkcję NewOrder(), która wywołuje OrderSend() ze wszystkimi naszymi parametrami wejściowymi.

Teraz wystarczy tylko wywołać tę funkcję NewOrder(), w tym celu piszemy NewOrder() w naszej funkcji zaznaczania. Ponieważ za każdym razem, gdy pojawia się nowy tik, wszystkie rzeczy określone w funkcji tik zostaną uruchomione. Umieśćmy tę nową funkcję tutaj, pamiętajmy, że te funkcje również muszą kończyć się średnikiem, aby zamknąć tę operację. Zobacz wiersz 38. Funkcję wywołujesz, wpisując jej nazwę w nawiasach otwierających i zamykających, po których następuje średnik. Jak pokazano na kolejnym obrazku:

```
10
11 extern double TakeProfit=0.0050;
12 extern double StopLoss=0.0025;
13 extern double LotSize=0.01;
14
15 //+--------------------------------------------------+
16 //| Expert initialization function                   |
17 //+--------------------------------------------------+
18 int OnInit()
19   {
20 //---
21
22 //---
23    return(INIT_SUCCEEDED);
24   }
25 //+--------------------------------------------------+
26 //| Expert deinitialization function                 |
27 //+--------------------------------------------------+
28 void OnDeinit(const int reason)
29   {
30 //---
31
32   }
33 //+--------------------------------------------------+
34 //| Expert tick function                             |
35 //+--------------------------------------------------+
36 void OnTick()
37   {
38 NewOrder();
39
40   }
41 //+--------------------------------------------------+
42 //+--------------------------------------------------+
43 //|Our own New order send function                   |
44 //+--------------------------------------------------+
45 void NewOrder()
46 {
47 int Result=OrderSend(Symbol(),OP_BUY,LotSize,Ask,3,Ask-StopLoss,Ask+TakeProfit,NULL,1234,0,clrNONE);
48 return;
49 }
```

6-6 Jak nasza funkcja Neworder() jest używana w funkcji tick

Teraz możesz skompilować ten plik.

Naciśnij F4, aby otworzyć platformę

Naciśnij Ctrl+R, aby otworzyć tester strategii

Teraz wybierz plik MyAlgo, uruchom na EURUSD, na Tickdata i na wybranym przedziale czasowym.

Ponieważ uruchamiasz funkcję NewOrder() w funkcji Tick(), będzie ona umieszczać nowe zlecenie przy każdym tiku, więc będzie to wiele zleceń. Na poniższym schemacie widać, że po złożeniu zlecenia ponownie przekazuje kontrolę funkcji OnTick(), która wywołuje funkcję NewOrder() do momentu zatrzymania testera. Gratulacje! Właśnie uruchomiłeś swój pierwszy skrypt.

Co powinieneś wiedzieć:

- Jak zbudować funkcję
- Jak ją uruchomić na testerze strategii

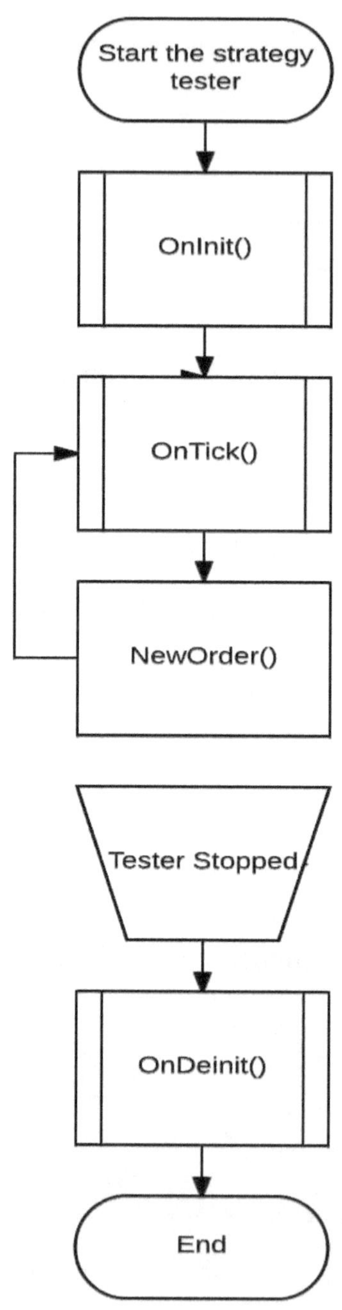

6-7 Diagram sekwencji działań z funkcją NewOrder().

Rozdział 7
Funkcja IsNewBar

Problem z poprzednią funkcją polega na tym, że wysyła nowe zlecenia przy każdym tiku, więc zróbmy funkcję, która sprawdza, czy nowy tik również reprezentuje nowy słupek, czy też ten tik należy do tego samego słupka co poprzedni. Musimy to sprawdzić, ponieważ chcemy uruchomić naszą strategię tylko raz na każdym słupku.

Opis funkcji

Zaprojektujemy funkcję zerojedynkową, która zwróci wartość prawda, jeśli na wykresie pojawi się nowa świeca i zwróci wartość fałsz, jeśli nie będzie nowej świecy. Sprawdzi to przy każdym tiku użytym w funkcji tick przed funkcją NewOrder().

Opis funkcji: Funkcja ta będzie sprawdzana przy każdym tiku i przy każdym tiku ta funkcja zwróci PRAWDA, jeśli jest to nowa świeca i FAŁSZ, jeśli jest to ta sama świeca.

Nazwa funkcji: IsNewCandle()

```
bool IsNewCandle()
{
    static int BarsOnChart=0;
    if(Bars==BarsOnChart)
    return(false);
    BarsOnChart = Bars;
    return(true);
}
```

7-1 Jest to pełna funkcja IsNewCandle().

Stworzymy diagram sekwencji działań wyjaśniający tę funkcję.

1. Zaczynamy od wpisania rodzaju, który jest zerojedynkowy (ponieważ zwróci prawda/fałsz) i nazwy funkcji, którą jest IsNewCandle(), a następnie nawias otwierający i zamykający.

2. Deklarujemy zmienną statyczną liczbę całkowitą BarOnChart=0; która przechowuje liczbę słupków na wykresie. Zmienna ta będzie statyczna, co oznacza, że gdy funkcja ta jest wykonywana przy każdym tiku, będzie przechowywać liczbę słupków. Ma to na celu zapewnienie, że następnym razem, gdy uruchomimy tę funkcję, porównamy liczbę słupków na wykresie z ostatnim wykonaniem.

3. Używamy instrukcji if, która jest instrukcją podejmowania decyzji. Pytamy czy słupki na wykresie przy tym konkretnym tiku są takie same jak ostatnim razem, zapisujemy ilość słupków. Jak wspomniano, robimy to za pomocą instrukcji if i znaku równości (==). Użycie funkcji Bars zwraca liczbę słupków od momentu uruchomienia tego algorytmu.

4. Niezależnie od tego, czy jest to prawda, czy fałsz, przypisujemy liczbę słupków do naszej zmiennej BarsOnChart.

5. Jeśli słupki na wykresie się zmieniły, odpowiedź na instrukcję if brzmi nie, zwracamy prawdę;

6. Jeśli słupki na wykresie się nie zmieniły, odpowiedź na instrukcję if brzmi nie, funkcja ta zwraca fałsz.

Dopóki nie otrzymamy tika, który jest częścią nowej świecy, funkcja ta będzie zwracała wartość fałsz. Jeśli prowadzisz jednogodzinny przedział czasowy, a ta świeca jest częścią nowej godziny, zwróci wartość prawda.

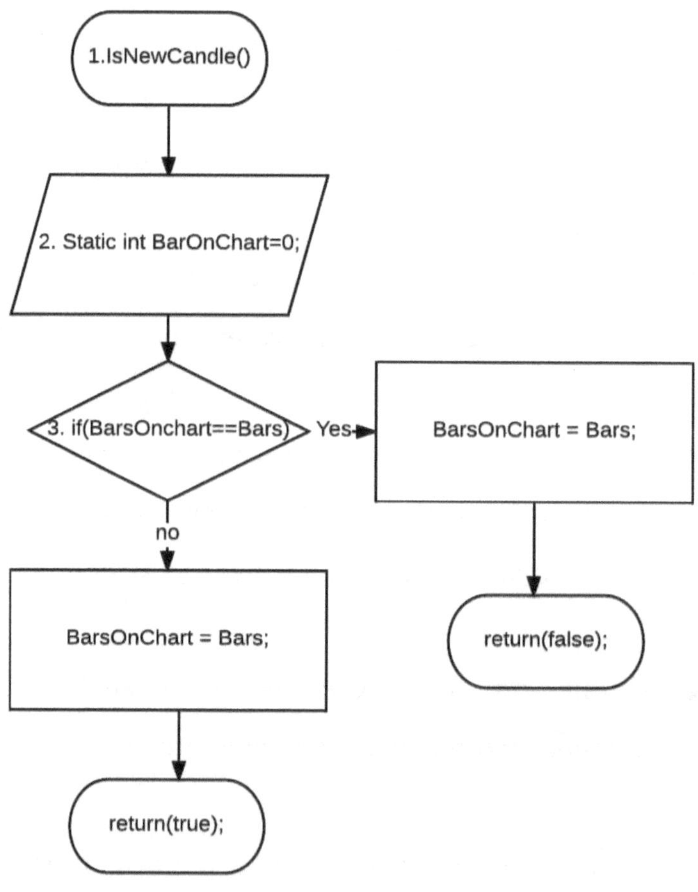

7-2 Diagram sekwencji działań funkcji IsNewCandle().

```
//+--------------------------------------------------------------------+
//|Our own New order send function                                     |
//+--------------------------------------------------------------------+
void NewOrder()
{
int Result=OrderSend(Symbol(),OP_BUY,LotSize,Ask,3,Ask-StopLoss,Ask+TakeProfit,NULL,1234,0,clrNONE);
return;
}

bool IsNewCandle()
{
   static int BarsOnChart=0;
   if(Bars==BarsOnChart)
   return(false);
   BarsOnChart = Bars;
   return(true);
}
```

7-3 Tutaj możesz zobaczyć naszą najnowszą funkcję pod naszą poprzednią funkcją w skrypcie.

Jak korzystać z funkcji IsNewCandle().

Celem tej nowej funkcji świecy jest handel tylko raz na świecę, co oznacza, że umieścimy naszą funkcję NewOrder() w nawiasach instrukcji if(IsNewCandle).

7-4 Możesz zobaczyć, jak zmieniamy przebieg funkcji Ontick, zmieniliśmy to.

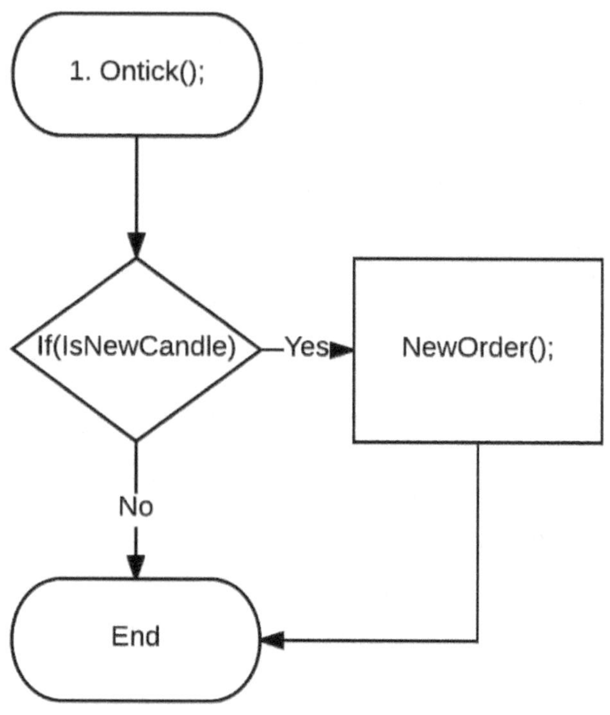

7-4 Przeorganizowano funkcję ontick za pomocą IsNewCandle().

Jak widać, zmieniliśmy funkcję OnTick(). Dodaliśmy instrukcję if, która uruchamia funkcję NewOrder() tylko wtedy, gdy jest nowa świeca.

Możesz zobaczyć, że gdy funkcja Ontick() jest wykonywana, wykonuje instrukcję if, która uruchamia funkcję IsNewCandle(), jeśli funkcja NewCandle() zwraca wartość prawda, oznacza to, że tak, wykona funkcję NewOrder(), ale jeśli IsNewCan-dle () zwróci fałsz, po prostu przejdzie do końca nowej funkcji i będzie działać w ten sam sposób przy następnym tiku.

Co powinieneś wiedzieć:

- Jak zrobić funkcję zerojedynkową
- Co oznaczają funkcje słupków
- Instrukcja if, w jaki sposób jej używamy

Rozdział 8
Funkcja Zleceń Całkowitych

Opis funkcji

Ta funkcja zlicza liczbę zleceń rynkowych, które mamy na rynku. Celem jest wiedzieć, ile mamy otwartych zleceń, aby zapobiec otwarciu więcej niż jednego zlecenia rynkowego na raz.

Nazwa funkcji: TotalOpenTrader()

```
int TotalOpenOrders()
{
int Trades=0;
int Total=OrdersTotal();
   for(int i=Total;i>0;i--)
        {
        bool res=OrderSelect(i-1,SELECT_BY_POS,MODE_TRADES);
        if(OrderType()==OP_BUY || OrderType()==OP_SELL)
            {
            Trades++;
            }
     }
    return(Trades);
}
```

8-1 Oto jak wygląda ta funkcja.

Ponieważ zwróci to liczbę całkowitą, która jest liczbą zleceń, jest to funkcja rodzaju liczby całkowitej.

1. Zaczynamy od zadeklarowania zmiennej int dla Transakcji i przypisujemy jej wartość zero, jest to zmienna, której przypiszemy liczbę otwartych transakcji.

2. Rozpoczynamy kolejną funkcję, która jest również typu liczb całkowitych, przypisujemy wartość OrdersTotal() do Łącznej Ilości Zleceń, funkcja ta zwraca sumę otwartych i oczekujących zleceń w naszej puli otwartych transakcji.

3. Tworzymy pętlę for. Jest to pętla, która będzie iterować liczbę wszystkich zleceń oczekujących i otwartych, jeśli liczba jest większa od zera, i będzie zmniejszać wartość i po każdej pętli, o ile i jest większe lub równe zeru.

4. Następnie sprawdzi czy wartość i jest większa od zera, jeśli w terminalu są jakieś zamówienia to będzie powyżej zera, jak 2.

5. Jeśli nie mamy żadnych zleceń w terminalu, po prostu wykona Return(Trades); która zwróci 0 i przekaże kontrolę poza tą funkcją.

6. Jeśli i jest powyżej zera, przejdzie przez resztę pętli.

7. Pierwszym procesem jest wybranie konkretnego zlecenia w naszej puli handlowej. Robimy to za pomocą naszej funkcji OrderSelect(), funkcja ta zwróci wartość prawda, jeśli w naszym otwartym handlu jest transakcja lub wartość fałsz. Jeśli instrukcja z połączonym OrderSelect() ma dwie operacje w naszej funkcji, jedną jest wybranie właściwej kolejności, a ponieważ jest to powrót funkcji typu zerojedynkowego, zwróci prawda, co następnie przekazuje kontrolę do następnej operacji. OrderSelect ma trzy zmienne, pierwsza zmienna to indeks transakcji, którą prowadzimy przez pętlę, musimy ustawić i-1, ponieważ pierwsza transakcja ma

wartość indeksu równą zero. Kolejna zmienna, której używamy wskazuje, że wybieramy transakcję według jej pozycji w indeksie. Następnie mówimy mu, że chcemy korzystać z puli transakcji na żywo, a nie wybierać historyczne transakcje. OrderSelect() to zmienna typu zerojedynkowego, która zwraca prawda, jeśli mamy wybrane transakcje i fałsz, jeśli nie wybrano żadnych transakcji.

8. Następnie mamy instrukcję if, która sprawdza, czy wybrana transakcja jest zleceniem rynkowym kupna lub sprzedaży.

9. Jeśli jest to zlecenie kupna lub sprzedaży, dodajemy 1 do naszej zmiennej Transakcje, jeśli nie, po prostu przekazuje kontrolę z powrotem do pętli for, aby zmniejszyć i. Jeśli mamy w puli łącznie 8 zleceń, następnym razem i będzie miało wartość 7 w pętli.

10. Kiedy przejdzie przez wszystkie otwarte zlecenia, i będzie miało wartość 0, a następnie kontrola zostanie przekazana do return(Trades), która zwraca zmienną Transakcje, do której może być wywoływana ta funkcja. Więc jeśli istnieje 7 zleceń rynkowych, zmienna Transakcje będzie miała wartość 7, gdy wrócimy (Trades) poza funkcją.

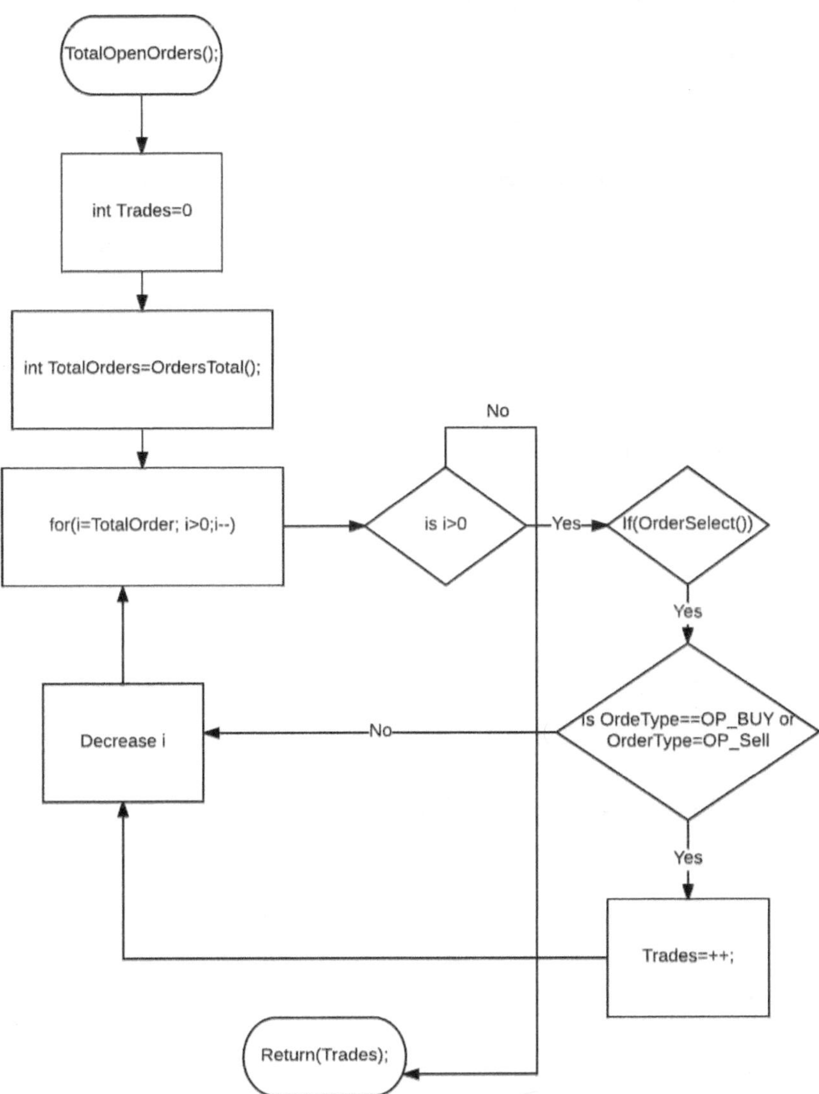

8-2 Diagram sekwencji działań dla TotalOpenOrders().

Jak korzystać z funkcji TotalOpenOrder().

Teraz użyjemy naszej nowej funkcji w naszej funkcji tick, aby sprawdzić i handlować tylko wtedy, gdy nie ma otwartych zleceń, co oznacza, że TotalOpenOrder()<1.

```
25 //+----------------------------------------------------+
26 //| Expert deinitialization function                   |
27 //+----------------------------------------------------+
28 void OnDeinit(const int reason)
29   {
30 //---
31
32   }
33 //+----------------------------------------------------+
34 //| Expert tick function                               |
35 //+----------------------------------------------------+
36 void OnTick()
37   {
38   if(IsNewCandle())
39      {
40        if(TotalOpenOrders()<1)
41           {
42           NewOrder();
43           }
44      }
45   }
46 //+----------------------------------------------------+
47 //+----------------------------------------------------+
48 //|Our own New order send function                     |
49 //+----------------------------------------------------+
50 void NewOrder()
51 {
52 int Result=OrderSend(Symbol(),OP_BUY,LotSize,Ask,3,Ask-StopLoss,Ask+TakeProfit,NULL,1234,0,clrNONE);
53 return;
54 }
```

8-3 To jest nasza zmieniona funkcja OnTick().

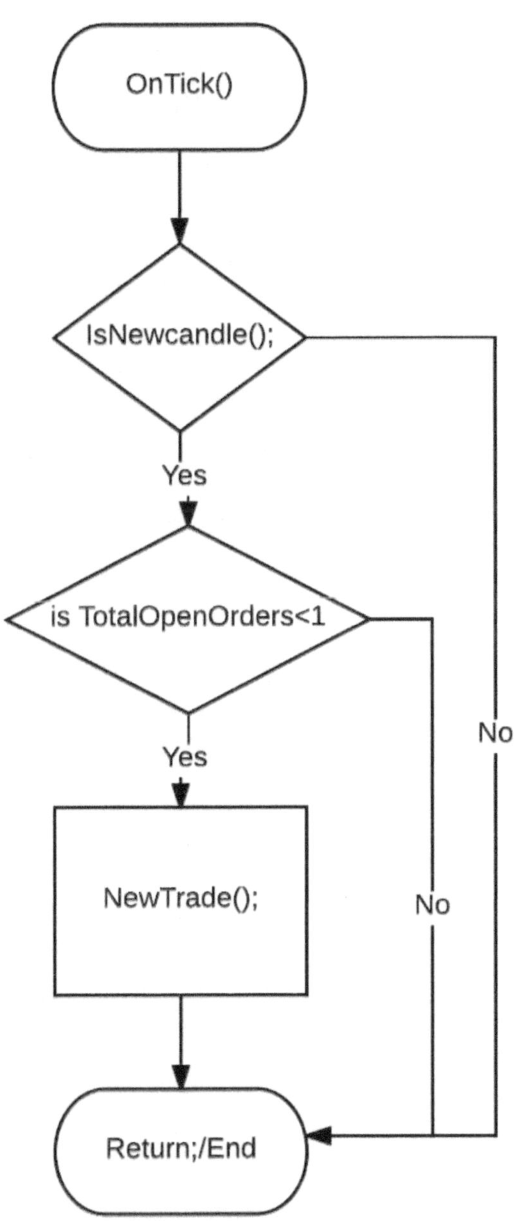

8-4 Diagram sekwencji działań zmienionej funkcji Tick.

Tak przebiega sekwencja działań, jeśli jest to NewCandle, przekaże kontrolę, aby sprawdzić, czy całkowita liczba otwartych zleceń jest mniejsza niż jeden, co oznacza zero, jeśli tak jest, przekaże kontrolę do NewTrade() i wykona tę funkcję nasza funkcja NewTrade().

Widzisz, że w naszej funkcji OnTick() wprowadziliśmy nową instrukcję if, a teraz mamy dodatkowy nawias otwierający i zamykający. Dlatego NewTrade() mieści się w nawiasach wyciągów TotalOpenTraders, które mieszczą się w nawiasach otwierających i zamykających IsNewCandle. Zobaczysz związek na diagramie sekwencji działań.

Rozdział 9
Funkcja Zamykania Wszystkich Zleceń

Opis funkcji:

Zrobimy funkcję, która zamyka wszystkie zlecenia rynkowe i usuwa wszystkie bieżące zlecenia oczekujące.

Nazwa funkcji: CloseAllOrder()

```
void CloseAllOrders()//1.
{
int Total=OrdersTotal(); //2.
   for(int i=Total;i>0;i--) //3.
      {
      if(OrderSelect(i-1,SELECT_BY_POS,MODE_TRADES))//4.
         {
         if(OrderType()==OP_SELL)//5.
            {
            bool res1=OrderClose(OrderTicket(),OrderLots(),Ask,3,clrNONE);//6.
            }
         if(OrderType()==OP_BUY)//7.
            {
            bool res2= OrderClose(OrderTicket(),OrderLots(),Bid,3,clrNONE);//8.
            }
         if(OrderType()==OP_BUYLIMIT || OrderType()==OP_BUYSTOP|| OrderType()==OP_SELL-
STOP||OrderType()==OP_SELLLIMIT)//9.
            {
            bool res3= OrderDelete(OrderTicket(),clrNONE);//10.
            }
         }
      }
return;
}
```

9-1 To jest funkcja CloseAllOrder.

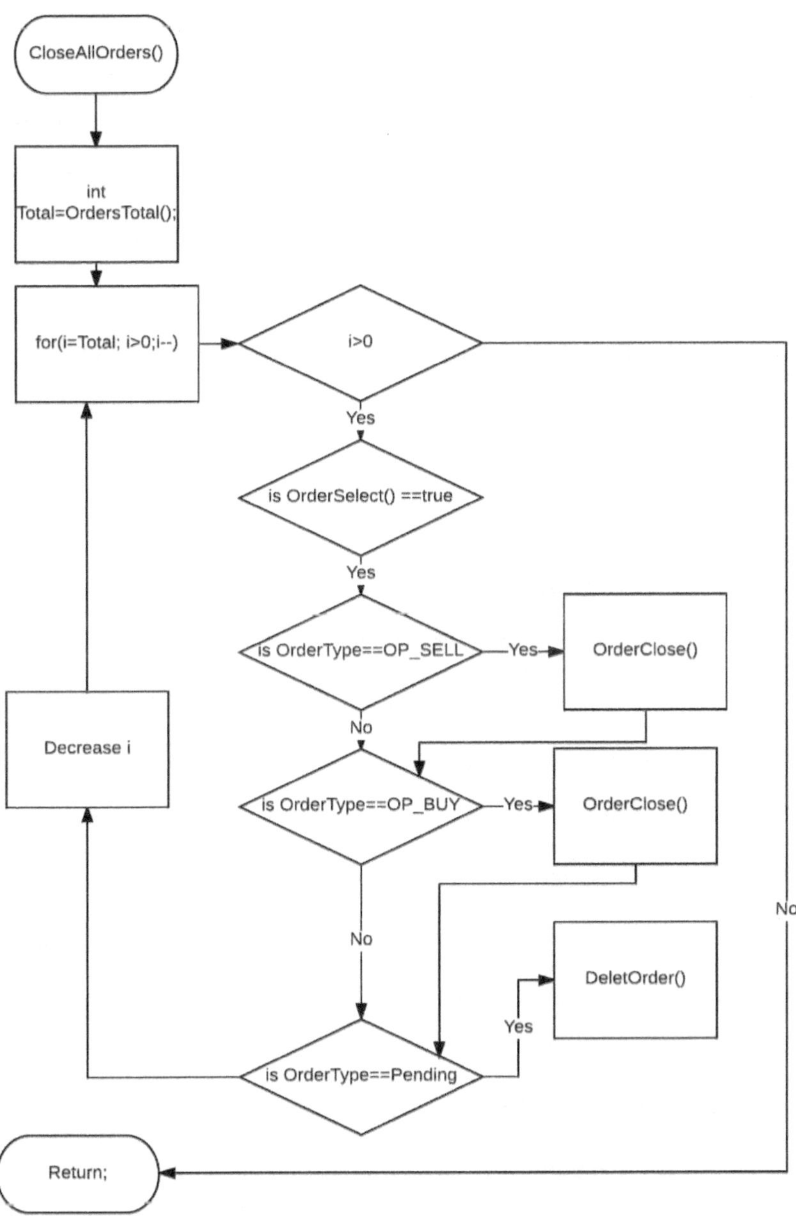

9-2 Diagram sekwencji działań dla funkcji CloseAllOrder().

Zobacz cyfry zaznaczone w funkcji i przeczytaj komentarze.

1. Zaczynamy od napisania void + nazwa funkcji + dodanie nawiasów otwierających i zamykających oraz napisanie return;. Przed nawiasem zamykającym resztę funkcji uwzględnimy między nawiasami i przed poleceniem return;.

2. Utwórz zmienną całkowitą o nazwie Łącznie, funkcja OrdersTotal() zwróci całkowitą liczbę bieżących zleceń rynkowych i oczekujących.

3. Utwórz pętlę for, która zapętli wszystkie zlecenia przez pętlę, zaczynając od ostatniego zlecenia. Będzie potrzebowała własnych nawiasów otwierających i zamykających, wszystko, co chcemy zapętlić, musi znajdować się w tych nawiasach. Jeśli jest to w sumie 8 zleceń, rozpocznie się od ostatniej liczby, 8, i uruchomi tę konkretną kolejność przez wszystko, co mamy w naszej pętli. Po zakończeniu zajmie się zleceniem numer 7 i będzie kontynuowane do zlecenia numer 1.

4. Używamy naszej funkcji OrderSelect(), aby wybrać konkretne zlecenie z naszej puli zleceń, np. mamy 8 zleceń, zlecenie numer 8 będzie miało indeks numer 7 w puli. Zwróci wartość prawda, jeśli zlecenie zostanie wybrane, jeśli nie ma zlecenia w puli zleceń, nie uruchomi tej pętli, więc ta instrukcja if zawsze będzie prawdziwa.

5. Spowoduje to sprawdzenie, czy wybrany rodzaj zlecenia jest zleceniem rynkowym i zleceniem sprzedaży, za pomocą funkcji OrderType(), która zwróci rodzaj zlecenia. W takim przypadku wykona następną operację, którą jest CloseOrder().

6. Mamy średnik, ponieważ jest to koniec tej pętli, OrderClose zwraca instrukcję PRAWDA/FAŁSZ, więc używamy zerojedynkowej res1 do przechowywania tej wartości, tak samo z funkcją OrderDelete(), ona również zwróci prawdę. Funkcja ta ma trzy zmienne wejściowe.

   a. Pierwsza zmienna to OrderTicket() wybranego zlecenia

   b. Druga zmienna to kwota, którą chcesz zamknąć, czyli Order-Lots()

   c. Trzeci to cena, ponieważ wybrane zlecenie jest zleceniem sprzedaży, używamy ceny Ask jako ceny zamknięcia

   d. Czwarta zmienna to poślizg, który ustawiamy na trzy pipsy

   e. Komentarz

7. Sprawdzi to, czy wybrane zlecenie jest zleceniem rynkowym, jeśli jest to zlecenie kupna, wykona następną operację.

8. Mamy średnik, bo to koniec tej pętli, zamykamy ceną kupna, bo to jest zlecenie kupna.

9. Spowoduje to sprawdzenie, czy wybrane zamówienie jest w toku, czy nie.

10. Używamy OrderDelete() do usunięcia tego konkretnego zlecenia, jeśli jest to zlecenie z limitem.

Użycie funkcji CloseAllOrder().

Funkcja ta będzie używana przez inną funkcję, którą jest funkcja CandleClose(), a którą stworzymy w dalszej części książki.

Rozdział 10
Funkcja Pipsów

Opis funkcji

Niektórzy brokerzy mają cztery cyfry, inni pięć cyfr. Oznacza to, że niektórzy brokerzy podają ceny w 1.5000, inni brokerzy podają ceny w 1.50000. Potrzebujesz funkcji, która pobiera 0.0001, jeśli są to cztery cyfry i 0.00001, jeśli jest to pięć cyfr. Potrzebuję zmiennej podwójnego pipsa, do której chcę przypisać wartość 0.0001. Chodzi o to, aby mieć zmienną, którą można pomnożyć przez zmienną całkowitą, aby przekonwertować ją na pipsy, na przykład użyć jej przy podejmowaniu decyzji o stop loss i take profit.

Masz zewnętrzną zmienną całkowitą o nazwie extern int Stoploss=50;

Jest to zmienna całkowita określająca, że stop-loss powinien wynosić 50 pipsów. Kiedy stosujesz tę zmienną, najlepiej jeśli będzie ona wynosić 0.0050, czyli 50 pipsów. Możesz to zrobić, mając zmienną o nazwie pips, której przypisujesz wartość 0.0001. Następnie możesz pomnożyć stoploss*pips=50*0.0001=0.0050 i uzyskać wartość, której chcesz użyć w swojej funkcji.

Funkcja ta powinna działać tylko raz na początku, kiedy uruchamiamy nasz algorytm w naszej funkcji OnInit() i przypisujemy nową wartość do naszej zmiennej podwójnego pipsa w obszarze globalnym.

```
void PipsFunction()//1.
{
double ticksize=MarketInfo(Symbol(),MODE_TICKSIZE);//2.
    if (ticksize == 0.00001 || ticksize == 0.001)//3.
    {
    pips = ticksize*10;//4.
    }
    else
    {
    pips = ticksize;//5.
    }
return;
}
```

10-1 Jest to funkcja Pip.

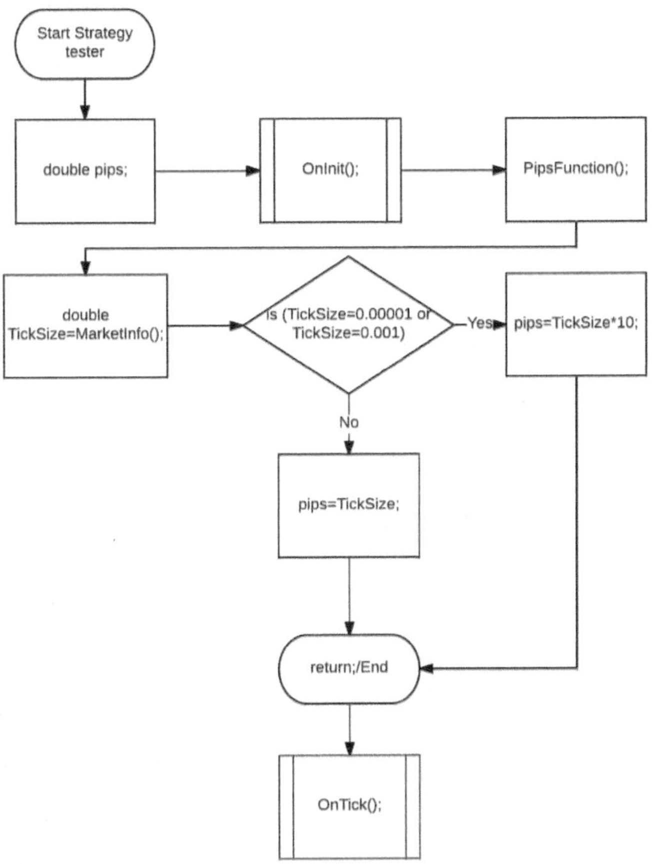

10-2 Diagram sekwencji działań dla funkcji Pips;

Komentarz do funkcji:

Widzisz, że najpierw uruchamiamy tester strategii, który następnie definiuje zmienną podwójnych pipsów i nie otrzymuje żadnej wartości, ponieważ użyjemy funkcji Pips() do przypisania jej wartości. Następnie sterowanie przechodzi do funkcji OnInit(), która wywołuje funkcję Pips();

1. Zaczynamy od zdefiniowania funkcji, jest to funkcja typu void o nazwie PipsFunction() i dodajemy nawias otwierający oraz zamykający return; przed nawiasem zamykającym na końcu. Jest to funkcja, która tylko wykonuje, lecz niczego nie zwraca.

2. Mamy podwójną zmienną TickSize, która równa się MarketInfo(Symbol(),MODE_TICKSIZE); zamykamy tę operację średnikiem. Funkcja MarketInfo(), pobiera informacje z rynku, które jeśli jest to broker pięciocyfrowy to pobierze 0.00001, a jeśli jest to broker czterocyfrowy pobierze ponownie 0.0001 np. dla pary EURUSD.

3. Następnie mamy instrukcję if, która sprawdza, czy broker ma pięć cyfr. Jeśli w ostatniej operacji pobrał wartość 0.00001 (TickSize), to jest to broker pięciocyfrowy. Następnie mnożymy TickSize przez 10 i przypisujemy wartość do naszej zmiennej pips: Jeśli TickSize wynosi 0.0001, oznacza to, że jest to czterocyfrowy broker, po prostu używamy tej samej

wartości do pipsów i nie ma potrzeby jej mnożenia, ponieważ zawiera ona już wartość 0.0001.

4. Jeśli jest to pięciocyfrowy broker, mnożymy przez 10, aby przekonwertować go na cztery cyfry, i przypisujemy tę wartość do zmiennej pips.

5. Jeśli jest to czterocyfrowy broker, a czterocyfrowy pips brokera jest taki sam jak informacja o rynku, wyświetl pobrane pipsy=ticksize. To jest kolejna instrukcja if, jeśli pierwsza nie jest prawdziwa, wtedy wykonujemy tę operację, w przeciwnym razie nie wykonujemy.

```
 7 #property link       "www.tayyabrashid.com"
 8 #property version    "1.00"
 9 #property strict
10
11 extern double TakeProfit=0.0050;
12 extern double StopLoss=0.0025;
13 extern double LotSize=0.01;
14 double pips=0;
15 //+------------------------------------------------+
16 //| Expert initialization function                 |
17 //+------------------------------------------------+
18 int OnInit()
19   {
20 //---
21    PipsFunction();
22 //---
23    return(INIT_SUCCEEDED);
24   }
25 //+------------------------------------------------+
26 //| Expert deinitialization function               |
27 //+------------------------------------------------+
28 void OnDeinit(const int reason)
29   {
30 //---
31
32   }
33 //+------------------------------------------------+
34 //| Expert tick function                           |
35 //+------------------------------------------------+
36 void OnTick()
37   {
38    if(IsNewCandle())
39      {
40       if(TotalOpenOrders()<1)
41         {
42          NewOrder();
43         }
44      }
45   }
46 //+
```

10-3 W ten sposób użyjemy funkcji Pips w skrypcie.

Widzisz, że zmienna pips jest zdefiniowana w obszarze globalnym, ponieważ może być używana w kilku różnych funkcjach.

Uruchamiamy tę funkcję tylko raz, dlatego umieszczamy ją w OnInit(). Pamiętaj, że działa tylko na początku, więc uruchamiamy ją i przypisujemy wartość do naszej zmiennej pips, której możemy użyć we wszystkich innych zmiennych w operacji. Na przykład, zanim zaczniemy, nasze zmienne pipsy nie mają żadnej wartości. Kiedy uruchomimy tester strategii, wykonamy algorytm i gdy funkcja OnInit() zostanie zakończona, wykona funkcję PipsFunction(); która przypisuje wartość naszej zmiennej pips.

Budujemy różne funkcje, których potrzebujemy do zarządzania naszymi transakcjami. Potrzebujemy teraz następujących funkcji: handel, wykonywanie transakcji, wielkość partii, próg rentowności i stop kroczący.

Rozdział 11
Funkcja BreakEven

Opis funkcji

Nazwa funkcji: BreakEven()

Funkcja ta się uruchomi i sprawdzi po uprzednio zdefiniowanej odległości, czy rynek zmienił się na naszą korzyść i zablokuje kilka pipsów.

Funkcja ta będzie działać tylko wtedy, gdy mamy otwarte zlecenie, działa przy każdym tiku, a nie przy zamknięciu świecy. Użyjemy instrukcji if, aby sprawdzić, czy transakcja jest otwarta, i wywołamy tę funkcję w funkcji tick, jeśli transakcja jest otwarta. Będziemy mieć zmienną prawda/fałsz, którą umieścimy w funkcji OnTick(), aby włączyć/wyłączyć funkcję progu rentowności i mieć tę zmienną jako zmienną w naszym obszarze globalnym.

Zmienne w obszarze globalnym:

Extern int MoveToBreakEven=50; Tej zmiennej użyjemy do podjęcia decyzji po ilu pipsach na naszą korzyść chcemy zmienić próg rentowności.

Extern int PipsProfitLock=20; Ta zmienna służy do decydowania, ile pipsów chcemy zabezpieczyć w zysku, 0 oznacza próg rentowności, a 20 pipsów oznacza, że chcemy zablokować 20 pipsów zysku.

Extern bool UseBreakeven=true; Tej zmiennej używamy w funkcji tik i uruchamia ona próg rentowności, a jeśli ta zmienna jest prawdziwa, można ją zmienić w oknie wprowadzania.

```
void BreakEven()//1.
{
for(int i=OrdersTotal();i>0;i--)//2.
   {
   if(OrderSelect(i-1,SELECT_BY_POS,MODE_TRADES))//3.
   {
      if(OrderType()==OP_BUY)//4.
         {
         if(Bid-OrderOpenPrice()>MoveToBreakEven*pips)//5.
            {
            if(OrderOpenPrice()>OrderStopLoss())//6.
               {
               bool res1=OrderModify(OrderTicket(),OrderOpenPrice(),OrderOpenPrice()+PipsProfit-
Lock*pips,OrderTakeProfit(),0,clrNONE);//7.
               Alert("Yes");
               }
            }
         }
      if(OrderType()==OP_SELL)

         {
         if(OrderOpenPrice()-Bid>MoveToBreakEven*pips)
            {
            if(OrderOpenPrice()<OrderStopLoss())
               {
               bool res1=OrderModify(OrderTicket(),OrderOpenPrice(),OrderOpenPrice()-Pip-
sProfitLock*pips,OrderTakeProfit(),0,clrNONE);
               }
            }
         }
      }
   }
}
```

11-1 Funkcja Breakeven.

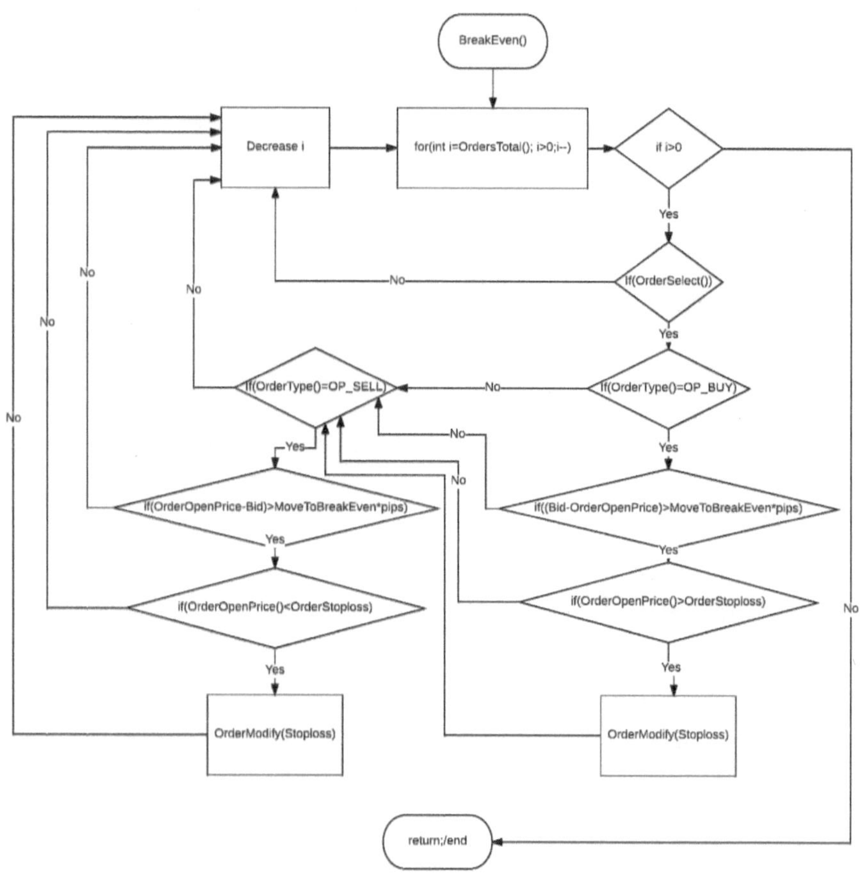

11-2 Diagram sekwencji działań funkcji BreakEven.

1. Zaczynamy od nazwania funkcji void BreakEven(), dodajemy nawiasy otwierające i zamykające oraz piszemy return przed naszym nawiasem zamykającym.

2. Użyjemy pętli for, aby przejść przez wszystkie otwarte zlecenia przez naszą funkcję progu rentowności. i równa się TotalOrder() i zwróci bieżące zlecenia całkowite, a następnie rozpocznie wykonywanie pętli przez ostatnie zlecenie. Jeśli

jest 8 zleceń, rozpocznie się od ósmego zlecenia i zmniejszy numer zlecenia za każdym razem, gdy przejdzie przez funkcję. Będzie działać, jeśli i jest większe niż 0, jeśli i jest równe 0, przekaże kontrolę do końca tej funkcji.

3. Używamy OrderSelect() do wybrania konkretnego zlecenia w naszej puli handlowej, o ile w puli znajduje się zlecenie, zwróci ono wartość prawda lub fałsz. Jeśli ostatnia decyzja zostanie przekazana do OrderSelect(), oznacza to, że w naszej puli handlowej znajduje się zlecenie, więc zawsze będzie to prawda i przekazuje kontrolę dalej po wybraniu zlecenia.

4. Po wykonaniu polecenia Orderselected() i zwróceniu wartości prawda sprawdzamy, czy wybrane zlecenie jest zleceniem kupna. Jeśli jest to zlecenie kupna, przekazuje kontrolę do następnej operacji, jeśli nie, przejdzie przez resztę funkcji sprawdzającej, czy jest to zlecenie sprzedaży.

5. Jeśli jest to zlecenie kupna, polecenie sprawdzi, czy różnica (w pipsach) między aktualną ceną a ceną otwarcia zlecenia jest większa niż to, co ustaliliśmy w zmiennej extern MoveToBreakEven. Dla przykładu, jeśli ustawiliśmy tę zmienną na 40, zmienna ta nie jest w pipsach, abyśmy mogli przekonwertować ją na pipsy, mnożymy przez naszą zmienną pipsów, która wynosi (0.0001), co da nam 0.0040. Jeśli

różnica jest większa niż 0.0040, rynek przesunął się o więcej niż 40 pipsów na naszą korzyść, to przekazuje kontrolę do następnej operacji. Jeśli to nieprawda, uruchomi to samo zamówienie przez operację sprzedaży, która jest również w funkcji poniżej.

6. Instrukcja if sprawdzi, czy stoploss został już przesunięty przez funkcję progu rentowności lub funkcji kroczącej, jeśli nie został przesunięty wcześniej. Zwróci to wartość prawda i przejdzie do następnej operacji. W przeciwnym razie przekaż kontrolę, aby sprawdzić, czy jest to zlecenie sprzedaży i uruchom tę operację.

7. Następnie używamy funkcji OrderModify() do wykonania tego, co chcemy, wszystko inne jest takie samo jak początkowe zlecenie, to, co chcemy zmienić, to stoploss. Ponieważ jest to zlecenie kupna, musimy dodać pipsy, które chcemy zablokować, do OrderOpenPrice(), tutaj znowu PipsProfitLock to wartość liczbowa, taka jak 20, aby przekonwertować ją na pipsy, mnożąc przez naszą zmienną pipsów.

8. Następnie robimy to samo dla strony sprzedającej. Widzisz, że obie funkcje orderType() znajdują się w nawiasach funkcji OrderSelect().

```
10
11 extern int TakeProfit=50;
12 extern int StopLoss=25;
13 extern double LotSize=0.01;
14 double pips;
15 extern int MoveToBreakEven=50;
16 extern int PipsProfitLock=20;
17 extern bool UseBreakEven=True;
18 //+--------------------------------------------------+
19 //| Expert initialization function                   |
20 //+--------------------------------------------------+
21 int OnInit()
22   {
23 //---
24    PipsFunction();
25    Alert(pips);
26 //---
27    return(INIT_SUCCEEDED);
28   }
```

11-3 Tak będzie wyglądać zmienna w obszarze globalnym.

Na powyższym obrazku uwzględniliśmy zmienną podwójny pips, nie przypisaliśmy jej żadnej wartości, ale mamy zdefiniowaną podwójną funkcję. Aby przypisać jej wartość, podczas inicjalizacji wywołujemy funkcję Pips(). Zmieniliśmy również TakeProfit i StopLoss na typ całkowity, ponieważ zamiast 0.0025 napisaliśmy 25, z drugiej strony pomnożyliśmy StopLoss i TakeProfit przez pipsy, aby przekonwertować je na 0.0025. Użyliśmy również funkcji NomalizeDouble(), aby przekonwertować je wszystkie na cztery miejsca po przecinku w celu zaokrąglenia do czterech miejsc po przecinku.

```
void NewOrder()
{
int Result=OrderSend(Symbol(),OP_BUY,LotSize,Ask,3,NormalizeDouble(Ask-
StopLoss*pips,4),NormalizeDouble(Ask+TakeProfit*pips,4),NULL,1234,0,clrNONE
);
return;
}
```

11-4 Funkcja New Order.

Jak używamy funkcji BreakEven

Użyjemy go w naszej funkcji Ontick i zanim uruchomimy funkcję breakeven, musimy sprawdzić, czy istnieje otwarte zlecenie, jeśli tak, to wykona funkcję breakeven przy każdym tiku.

```
void OnTick()
  {
  if(IsNewCandle())
     {
      if(TotalOpenOrders()<1)
        {
         EntrySignal();
        }
     }
     if(TotalOpenOrders()>0)
        {
        if(UseBreakEven)
           {
           BreakEven();
           }
        }
  }
```

11-5 Funkcja BreakEven zawarta w funkcji OnTick.

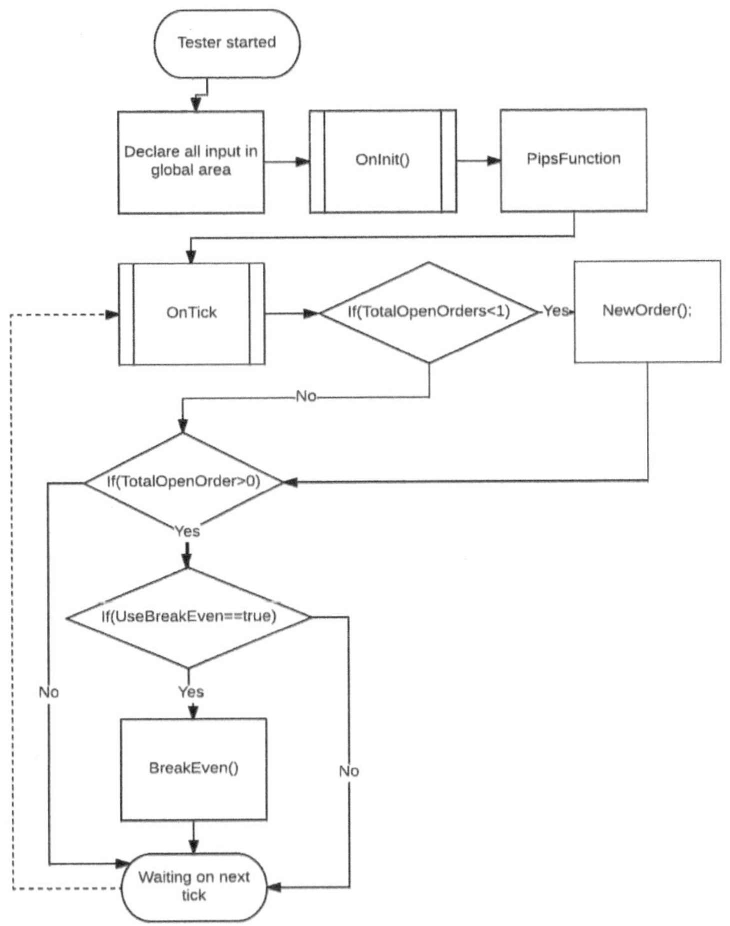

11-6 Nowy diagram sekwencji działań od początku do funkcji tick z dołączoną funkcją BreakEven.

Widzisz, że w funkcji OnTick() po wykonaniu transakcji będzie miał TotalOpenOrder, jeśli więcej niż jeden, przekazuje kontrolę do następnej instrukcji if, która pyta, czy ustawiliśmy UseBreakEven na prawda, jeśli tak jest, przejdzie kontrolę do następnej operacji, która uruchamia funkcję BreakEven().

Rozdział 12
Funkcja Kroczącego Stopu

Opis funkcji

Nazwa funkcji: TrailingStop(), jest to również funkcja void.

Chcemy śledzić nasz stoploss w trendzie wzrostowym, śledzimy kilka (odległości) pipsów poniżej oferty, na przykład 50 pipsów poniżej aktualnej ceny kupna. Po uruchomieniu naszego stopu kroczącego, jeśli rynek wzrośnie o 50 pipsów, zmienimy nasz stop loss o 50 pipsów w górę.

Zmienne używane w obszarze globalnym:

Extern bool UseTrailingStop=true; Ta zmienna jest wywoływana w funkcji tick, jako nasza funkcja BreakEven() i sprawdza, czy chcemy użyć stopu kroczącego po uruchomieniu transakcji.

Extern int WhenToTrail=50; Używamy tej zmiennej, aby zobaczyć, czy rynek przesunął się o więcej niż ta liczba pipsów, kiedy rozpoczynamy stop kroczący. Jeśli zajmujemy pozycję długą, a rynek przesunął się na naszą korzyść o 50 pipsów, zaczynamy śledzić stop loss.

Extern int TrailAmount=50; Zmienna ta określa, jaką odległość chcemy między naszym nowym stop lossem a ostatnią ceną kupna. 50 oznacza, że chcemy zejść o 50 pipsów poniżej ostatniej ceny. Musimy pomnożyć obie liczby przez pipsy, aby przeliczyć tę liczbę na pipsy, czyli 0.0050.

```mql4
void TrailingStop()//1.
{
   for(int i=OrdersTotal();i>0;i--)//2.
      {
      if(OrderSelect(i-1,SELECT_BY_POS,MODE_TRADES))//3.
         {
         if(OrderType()==OP_BUY)//4.
            {
            if(Bid-OrderOpenPrice()>WhenToTrail*pips)//5.
               {
               if(OrderStopLoss()<Bid-TrailAmount*pips)//6.
                  {
                  bool res1=OrderModify(OrderTicket(),OrderOpenPrice(),Bid-
TrailAmount*pips,OrderTakeProfit(),0,clrNONE);//7.
                  }

               }
            }
         if(OrderType()==OP_SELL)
            {
            if(OrderOpenPrice()-Bid>WhenToTrail*pips)
               {
               if(OrderStopLoss()>Bid+TrailAmount*pips)
                  {
                  bool
res1=OrderModify(OrderTicket(),OrderOpenPrice(),Bid+TrailAmount*pips,OrderTakeProfit(),0,clrNO
NE);
                  }
               }
            }
         }

      }
   return;
}
```

12-1 Funkcja Stopu Kroczącego.

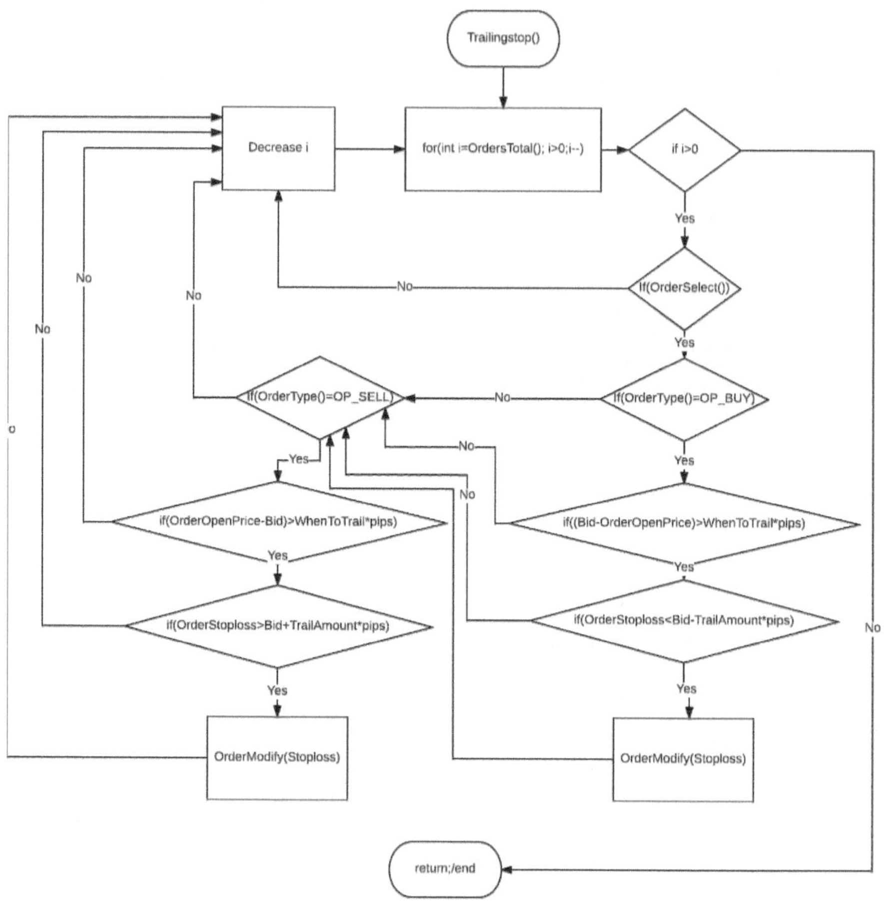

12-2 Diagram sekwencji działań funkcji TrailingStop().

1. Zaczynamy od zdefiniowania funkcji void TrailingStop() z otwierającym i zamykającym nawiasem klamrowym i return; przed nawiasem zamykającym.

2. Tutaj uruchamiamy wszystkie otwarte zlecenia przez naszą pętlę zestawień. W tym celu używamy pętli for. Zaczynając od najnowszego i zmniejszając i za każdym razem, gdy pętla

została wykonana, aż i będzie równe zeru, wtedy przekaże kontrolę tej funkcji.

3. Wybieramy nasze zlecenie za pomocą OrderSelect(). Funkcja ma takie same dane wejściowe jak poprzednio. Jeśli zlecenie zostanie wybrane, a w naszej puli zleceń znajduje się zlecenie, będzie to prawda. Będzie miała wybraną kolejność i przekaże operację do następnej instrukcji. Zawsze będzie tak to wyglądało, ponieważ jeśli nie ma kolejności, pętla się nie rozpocznie, ponieważ wtedy TotalOrder() równa się 0, co przekazuje kontrolę bezpośrednio poza pętlę.

4. Za pomocą tej operacji instrukcji if sprawdzamy, czy wybrane zlecenie jest zleceniem kupna, jeśli tak, to polecenie to przekaże operację do następnego lub wykona to samo zlecenie przez operacje sprzedaży, które są niżej, po której ponownie rozpocznie pętlę z następnym zleceniem.

5. Instrukcja if sprawdza, czy różnica między ceną bieżącą a ceną otwarcia jest większa niż liczba pipsów, po których zdecydowaliśmy, że chcemy podążać za pomocą zmiennej WhenToTrail. Mnożymy tę zmienną przez pipsy, aby przekonwertować z 40 na 0.0040. Jeśli nasza zmienna wynosi 40, rynek przesunął się o więcej niż 40 pipsów na naszą korzyść, instrukcja te wówczas przekaże operację do

następnej instrukcji lub przejdzie kontrolę, aby sprawdzić, czy jest to zlecenie sprzedaży.

6. Sprawdza to, czy jest to zlecenie kupna, czy nasz aktualny stop loss jest mniejszy niż miejsce, w którym chcemy podążać. Jeśli zlecenie stoploss wynosi 1.4500 i chcemy, aby stop loss wynosił 1.4505, to stwierdzenie to stanie się prawdziwe i przejdziemy do następnej instrukcji, co oznacza, że musimy zmienić stop loss na miejsce, w którym chcemy podążać. W przeciwnym razie przejdzie kontrolę, aby sprawdzić, czy jest to zlecenie sprzedaży i wykona resztę tych operacji.

7. Używamy funkcji OrderModify(), aby zmienić stoploss za cenę bid, którą chcemy podążać, używamy również pipsów do konwersji TrailAmount na pipsy.

Deklaracja zmiennych w obszarze globalnym:

```
1 extern int TakeProfit=50;
2 extern int StopLoss=25;
3 extern double LotSize=0.01;
4
5 double pips;
6
7 extern bool UseBreakEven=True;
8 extern int MoveToBreakEven=50;
9 extern int PipsProfitLock=20;
)
1 extern bool UseTrailingStop=true;
2 extern int WhenToTrail=50;
3 extern int TrailAmount=30;
4
```

12-3 To jest obszar zmiennej globalnej z funkcją stopu kroczącego.

Jak korzystać ze Stopu Kroczącego

Jako funkcja BreakEven() zostanie ona również umieszczona w naszej

funkcji OnTick po instrukcji if TotalOpenOrders>0.

```
void OnTick()
  {
  if(IsNewCandle())
    {
     if(TotalOpenOrders()< )
        {
        EntrySignal();
        }
    }
    if(TotalOpenOrders()> )
      {
      if(UseBreakEven)
         {
         BreakEven();
         }
      if(UseTrailingStop)
         {
         TrailingStop();
         }
      }
  }
```

12-4 To jest funkcja OnTick() po uwzględnieniu funkcji Stopu

Kroczącego.

Podobnie jak w przypadku funkcji BreakEven() umieszczamy tę funkcję w tych samych nawiasach, w nawiasach instrukcji if sprawdzającej, czy istnieje otwarte zlecenie. Jeśli zlecenia są otwarte, sprawdzi, czy ustawiliśmy Usebreakeven na prawda, a jeśli to prawda, uruchomi to funkcję breakeven. Następnie sprawdza, czy ustawiliśmy UseTrailingStop na prawda, jeśli tak jest, uruchomi funkcję TrailingStop. Jeśli nie mamy żadnych otwartych zleceń, przejdzie do końca programu.

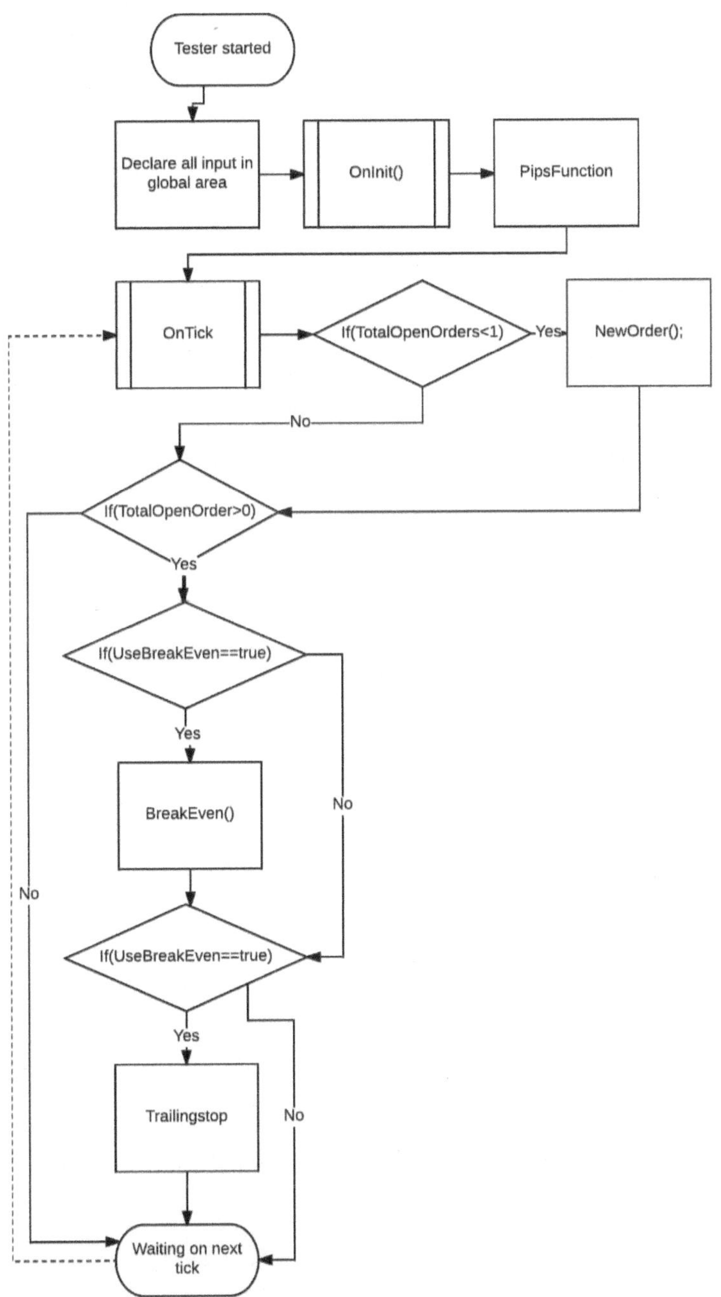

12-5 Diagram sekwencji działań funkcji Ontick() z dołączonym TrailingStop.

Rozdział 13
Funkcja Handlu

Opis funkcji

Tworzyliśmy funkcje, najważniejsza jest funkcja wysyłania transakcji, która obejmuje opcję wyłączenia stoploss i takeprofit, ustawienie takeprofit jako funkcji stoploss (ryzyko/nagroda) oraz opcję wielkości pozycji.

Nazwa funkcji to: Trade(int direction)

Int direction to parametr wejściowy, którego użyjemy do wywołania, jeśli chcemy wymienić zlecenie kupna lub sprzedaży.

Trade(0) dla zlecenia kupna i Trade(1) dla zlecenia sprzedaży.

Będziemy mieli możliwość posiadania stop loss lub braku stop loss.

Będziemy mieli możliwość przyjęcia zysku lub nie brania zysku.

Będziemy mieć pozycję ze stosunkiem ryzyka do zysku, do tego potrzebujemy włączonego stop loss.

Będziemy mieli zautomatyzowane ustalanie wielkości pozycji, co wymaga włączenia stop loss i możliwości wyboru procentu ryzyka na transakcję.

Zmienna w obszarze globalnym:

extern bool UseStoploss=true; Będzie to prawda, jeśli chcesz użyć stop loss i fałsz, jeśli nie

extern bool UseTakeProfit=true; Będzie to prawda, jeśli chcemy użyć takeprofit, fałsz, jeśli nie

extern bool UsePosition=true; To będzie prawda, jeśli chcemy użyć rozmiaru pozycji, fałsz, jeśli nie

extern bool UseRiskReward=true; Będzie to prawdą, jeśli chcemy użyć stosunku ryzyka do nagrody

extern double reward_ratio=2; Jest to stosunek ryzyka do zysku, jeśli to prawda, oznacza to, że takeprofit jest dwukrotnością stoploss

extern int RiskPercent=1; Jest to procent rozmiaru pozycji, ile procent naszego obecnego kapitału chcemy przehandlować w każdej transakcji, i jakie jest nasze ryzyko w każdej transakcji.

Wywołaj funkcję:

Ta funkcja zostanie wywołana przez funkcję trade Logic, którą zdefiniujemy przez Trade(0) lub Trade(1).

```
void Trade(int Direction)//1.
{
double SL;//2.
double TP;//3.
double Equity=AccountEquity();//4
double RiskedAmount=Equity*RiskPercent*0.01;//5.
double Lots=0;//6.
   if(Direction==0)//.7
   {
   if(UseStoploss)//8.
      {
      SL=Bid-StopLoss*pips;
      }
      else
      {
      SL=0;
      }
      double PipsToBuyStoploss=StopLoss*pips;
      if(UseTakeProfit)//.9
      {
      if(UseRiskReward && UseStoploss)//10.
         {
         TP=(Bid-SL)*2+Bid;
         }
      else
         {
         TP=Bid+TakeProfit*pips;
         }
      }
      else
      {
      TP=0;
      }
      if(UsePosition && UseStoploss)//.11
      {
       Lots=(RiskedAmount/(PipsToBuyStoploss/pips))/10;
      }
      else
      {
      Lots=LotSize;
      }
      int res=OrderSend(Symbol(),OP_BUY,Lots,Ask,3,NormalizeDouble(SL,4),NormalizeDou-
ble(TP,4),NULL,0,0,clrNONE);//11.
   }
   if(Direction==1)
   {
      if(UseStoploss)
      {
      SL=Ask+StopLoss*pips;
      }
      else
      {
      SL=0;
      }
      double PipsToSellStoploss=StopLoss*pips;
      if(UseTakeProfit)
      {
      if(UseRiskReward && UseStoploss)
         {
         TP=Ask-((SL-Ask)*2);
         }
      else
         {
         TP=Ask-TakeProfit*pips;
         }
      }
      else
      {
      TP=0;
      }
      if(UsePosition && UseStoploss)
      {
       Lots=(RiskedAmount/(PipsToSellStoploss/pips))/10;
      }
      else
      {
      Lots=LotSize;
      }
      int res=OrderSend(Symbol(),OP_SELL,Lots,Bid,3,NormalizeDouble(SL,4),NormalizeDou-
ble(TP,4),NULL,0,0,clrNONE);
   }
return;
}
```

13-1 Funkcja Trade().

1. Funkcja ta jest funkcją void. Piszemy void Trade(kierunek int), nawiasy otwierające i zamykające oraz zwracamy przed nawiasem zamykającym, aby powiedzieć wykonawcy, że to koniec tej funkcji i stamtąd kontrola zostanie przekazana poza funkcją. Kierunek to zmienna wejściowa, która zostanie użyta do wywołania funkcji, jest to rodzaj zmiennej całkowitej. Będzie się to nazywać Trade(0) dla zlecenia kupna i Trade(1) dla zlecenia sprzedaży, 0 1 to typ całkowity, więc zmienna Kierunek jest typem całkowitym.

2. Definiujemy nową podwójną zmienną SL(stop loss), której użyjemy do umieszczenia w naszej funkcji OrderSend() bez przypisanej do niej wartości początkowej.

3. Definiujemy nową podwójną zmienną TP(take profit), której użyjemy do umieszczenia w naszej funkcji OrderSend() bez przypisanej do niej wartości początkowej.

4. Mamy podwójną funkcję o nazwie equity, tej zmiennej zostanie przypisana wartość rachunku bieżącego.

5. Mamy podwójną zmienną o nazwie ryzykowana kwota, jest to kwota, którą chcemy zaryzykować w konkretnej transakcji. Mnożymy obecny kapitał własny przez ryzyko, jakie chcemy ponieść w tej transakcji ze zmienną RiskPercent w naszym

globalnym obszarze, ponieważ jest to liczba całkowita i chcemy ją przeliczyć na procent, więc mnożymy to przez 0.01.

6. Mamy zmienną o nazwie Lots, z przypisaną zerową wartością początkową. Wszystkie te zmienne są zmiennymi lokalnymi, więc można ich używać tylko w ramach tej funkcji.

7. Podczas wywoływania funkcji, którą wywołaliśmy w This was Trade(0), uruchomi ona wszystko co jest zawarte w tym nawiasie instrukcji.

8. Pierwszą rzeczą jest ustalenie stop loss, jeśli UseStopLoss jest równy stoploss to Bid-StopLoss*pipsy, w przeciwnym razie jest równy zero.

9. Decydujemy o stop loss. Jeśli stoploss jest równy prawda, musimy zapytać, czy używamy stosunku ryzyka do korzyści (czy to prawda).

10. Jeśli to prawda, TakeProfit to na przykład dwukrotność StopLossa, jeśli to nieprawda, StopLoss to Bid+TakeProfit*Pips.

11. Następnie musimy zobaczyć, czy UsePosition i stoploss są równe prawdzie, jeśli tak, to rozmiar lota jest funkcją RiskedAmount i naszego stoplossa.

12. Umieszczamy naszą transakcję ze wszystkimi zmiennymi wejściowymi, które wybraliśmy od początku w funkcji.

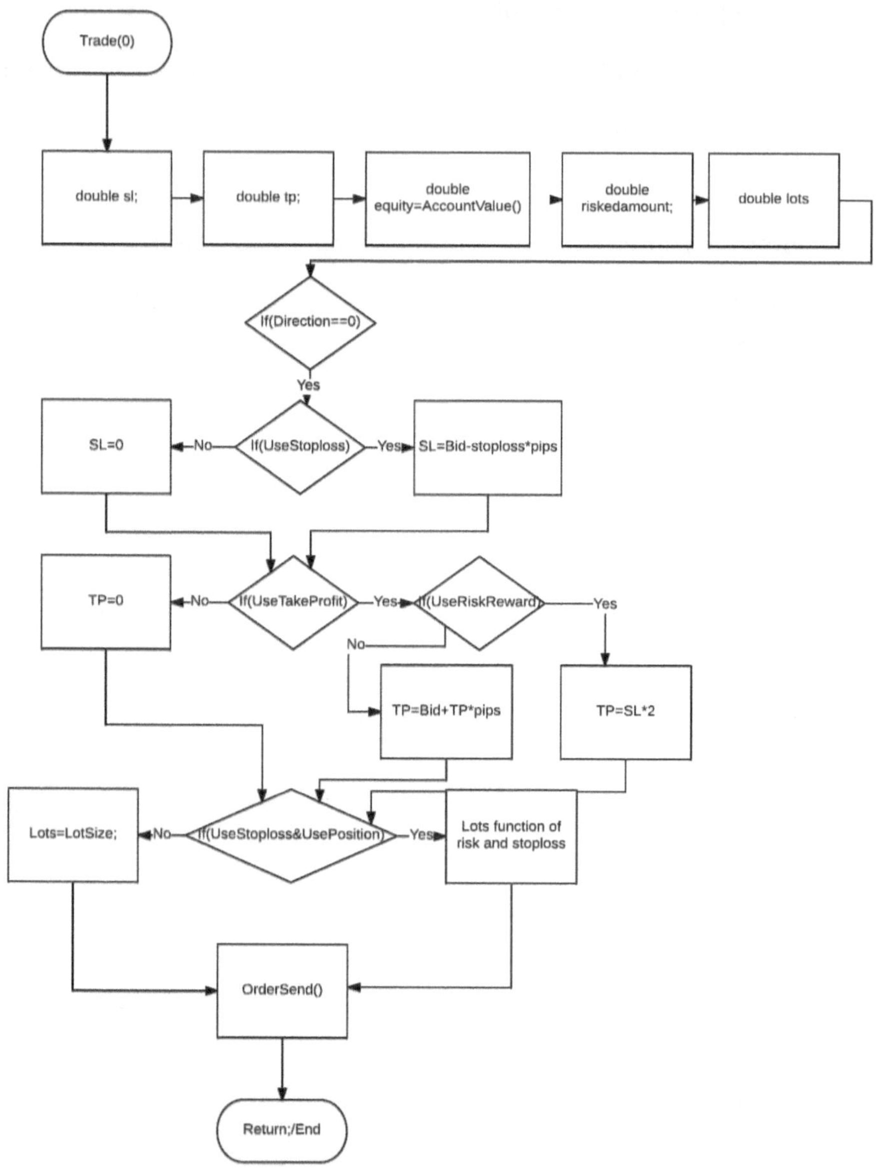

13-2 Diagram sekwencji działań funkcji Trade().

Wywołujemy funkcję Trade(0), która sprawdza, czy kierunek jest równy zeru, wskazując, że funkcja wejściowa jest równa zeru. Jeśli to prawda, przejdzie przez wszystko, co znajduje się między nawiasami otwierającymi i zamykającymi instrukcji if(Direction==0) i uruchomi wszystko, co powiedzieliśmy na powyższym diagramie sekwencji działań.

```
10
11 extern int TakeProfit=50;
12 extern int StopLoss=25;
13 extern double LotSize=0.01;
14
15 double pips;
16
17 extern bool UseBreakEven=True;
18 extern int MoveToBreakEven=50;
19 extern int PipsProfitLock=20;
20
21 extern bool UseTrailingStop=true;
22 extern int WhenToTrail=50;
23 extern int TrailAmount=30;
24 extern bool UseStoploss=true;
25 extern bool UseTakeProfit=true;
26 extern bool UsePosition=true;
27 extern bool UseRiskReward=true;
28 extern double reward_ratio=2;
29 extern int RiskPercent=1;
30
31
```

13-3 Powyżej widać, jak wygląda nasz globalny obszar.

Jak korzystać z Trade()

Użyjemy tej funkcji później, kiedy stworzymy funkcję Strategy(), w której napiszemy logikę transakcji i z tego wywołania tej funkcji Trade().

Rozdział 14
Funkcja CandleClose

Opis funkcji

Istnieją różne sposoby zamknięcia transakcji, niektórzy traderzy zamykają się za pomocą Stop Loss i Take Profit, inni stosują zasadę zamykania po jakiejś świecy. Tworzymy tę funkcję, ponieważ potrzebujemy jej również do stworzenia strategii.

Nazwa funkcji: CandleClose();

Zmienne w obszarze globalnym:

extern Bool UseCandleClose=true; Zmienna ta jest umieszczona w obszarze globalnym i jest zmienną zewnętrzną, ponieważ potrzebujemy, aby była zmienna. Jeśli chcemy użyć CandleClose(), ustawiamy ją na prawda lub fałsz.

extern int CloseAfterCandles=1; Jest to zmienna całkowita i zadecyduje po ilu świecach chcemy zamknąć nasze zlecenie. 1 oznacza, że chcemy zamknąć tę transakcję po wykonaniu jednej transakcji świecowej.

Gdzie zastosować tę funkcję: Funkcja powinna działać przy każdym tiku, jeśli jedno zlecenie jest otwarte. Znajduje się w tym samym nawiasie, co nasza funkcja BreakEven i TrailingStop.

Zmienne w obszarze lokalnym:

Int period=Period(); Tej zmiennej przypisano funkcję Period(), okres zwraca wartość okresu, w którym uruchamiamy ten algorytm. Jeśli działamy na wykresie jednominutowym, zwróci 1, a 5, jeśli działamy na pięciominutowym, 60, jeśli działamy na godzinnym i 240, jeśli działamy na 4-godzinnym, czyli 1 godzinę*4=60*4=240.

int period2=0; Ta zmienna ma początkowo wartość zero, ponieważ za pomocą funkcji przełączania chcemy przypisać jej wartość. Zmienna ta zwróci przedział czasowy w sekundach. Na przykład, jeśli jest dołączona do jednej minuty, w jednej minucie jest 60 sekund, więc okres2 ma wartość 60. Jeśli jest dołączona do wykresu 1-godzinnego, w jednej godzinie jest 60*60=3600 sekund, więc zmienna ta otrzyma wartość 3600, ale odbywa się to za pomocą funkcji przełączania.

```
void CandleClose()//1
{
    int period=Period();//2.
    int period2=0;//3.

    switch(period)//4.
    {   case 1:period2=60;break;
        case 5:period2=300;break;
        case 15:period2=900;break;
        case 30:period2=1800;break;
        case 60:period2=3600;break;
        case 240:period2=14400;break;
        case 1440:period2=86400;break;
        case 10080:period2=604800;break;
        case 43200:period2=2592000;break;
        //default: Alert("Nothing");
    }

for(int i=OrdersTotal();i>0;i--)//5.
    {
    if(OrderSelect(i-1,SELECT_BY_POS,MODE_TRADES))//6.
        {
        if(TimeCurrent()-OrderOpenTime()>period2*CloseAfterCandles)//7.
            {
            CloseAllOrders();//8.
            }
        }
    }
    return;
}
```

14-1 Funkcja CloseCandle()

1. Zaczynamy pisać rodzaj funkcji, która jest void. Następnie nazywamy funkcję, którą jest *CandleClose* i po nazwie funkcji piszemy otwierające oraz zamykające nawiasy, aby ostrzec system, że jest to funkcja. Następnie potrzebujemy nawiasu otwierającego i zamykającego, który zawiera wszystkie operacje w obrębie funkcji. Przed nawiasem zamykającym musimy napisać return; aby wskazać, że jest to koniec funkcji i kontrola jest przekazywana z funkcji do następnej operacji, albo jest to wykonanie następnej funkcji, albo jej zakończenie.

2. Musimy zdefiniować naszą zmienną okres jako liczbę całkowitą i przypisać wartość Period(), która zwróci ramy czasowe, w których działa ten algorytm. Jeśli jest to przedział czasowy jednej minuty, zwróci 1 i 60, jeśli jest to przedział godzinowy, i 240, jeśli jest to przedział 4-godzinny.

3. Jest to nasza kolejna zmienna w obszarze lokalnym, czyli zmienna, której można używać tylko w ramach tej funkcji. Zmienna ta jest liczbą całkowitą i początkowo przypisujemy jej wartość 0, ale wartość zostanie jej nadana po przeprowadzeniu operacji przełączania, która jest następna w funkcji. Nazwa tej funkcji to *period2*.

4. Jest to operator przełącznika, to samo co instrukcja if, ale z większą liczbą przypadków. Zaczynasz od napisania przełącznika z nawiasami otwierającymi i zamykającymi, w nawiasach wpisujesz nazwę zmiennej, którą chcesz sprawdzić. Do tej pory funkcja period() zwracała wartość. Następnie dodajesz nawiasy otwierające i zamykające, aby określić wszystkie przypadki. Mamy liczbę, jeśli temu okresowi przypisano wartość 1, przypiszemy zmiennej period2 wartość 60, ponieważ w jednej minucie jest 60 sekund. Jeśli tak jest, po przypisaniu wartości napiszemy break; Ten operator, zamiast tego, że po przypisaniu wartości period2, a przypadek to period 1, nie sprawdzi pozostałych przypadków i nie przekaże kontroli z nawiasów operatora przełącznika do następnej operacji w funkcji. W ten sposób oszczędzamy trochę czasu, ale jeśli nie napiszemy break; będzie ona nadal sprawdzać, czy przypadek wynosi 5,15 i tak dalej. Przypisaliśmy wartość wszystkim zmiennym, których potrzebujemy w przyszłych operacjach, zarówno zmiennym period, jak i period2.

5. Następnie mamy pętlę for, która przejdzie przez wszystkie otwarte zlecenia, zaczynając od ostatniego zlecenia i zmniejszając je jedno po drugim.

6. Musimy wybrać zlecenie w naszej puli tradingowej, aby sprawdzić transakcję w następnej operacji.

7. Tutaj mamy instrukcję if oznaczającą instrukcję decyzyjną. Funkcja Time-Current() zwraca na bieżąco sekundy od 1970 roku, liczbę sekund od 1970 roku. OrderOpenTime() zwraca liczbę sekund, które upłynęły od 1970 roku, kiedy wykonaliśmy transakcję. Różnica między tymi dwoma polega na tym, przez jak wiele sekund transakcja była otwarta. Okres2 ma wartość, którą mu przypisaliśmy za pomocą operatora przełącznika. Jeśli stosujemy tę strategię na wykresie godzinowym, okres2 ma wartość 3600 (liczba sekund w jednej godzinie) i mnożymy to przez liczbę świec lub godzin po tym, gdy chcemy zamknąć. 1, jeśli chcemy zamknąć po jednej godzinie i 2 itd., jeśli chcemy zamknąć tę transakcję po dwóch świecach godzinowych (dwie godziny). Ta instrukcja if sprawdza, kiedy czas trwania transakcji w sekundach jest większy niż wartość po prawej stronie > jeśli tak jest, to przekazuje kontrolę do następnej operacji.

8. Następna operacja to wywołanie naszej funkcji CloseAllOrder(); którą już zbudowaliśmy i jest w tym samym skrypcie. Zamyka wszystkie otwarte zlecenia i usuwa zlecenia oczekujące.

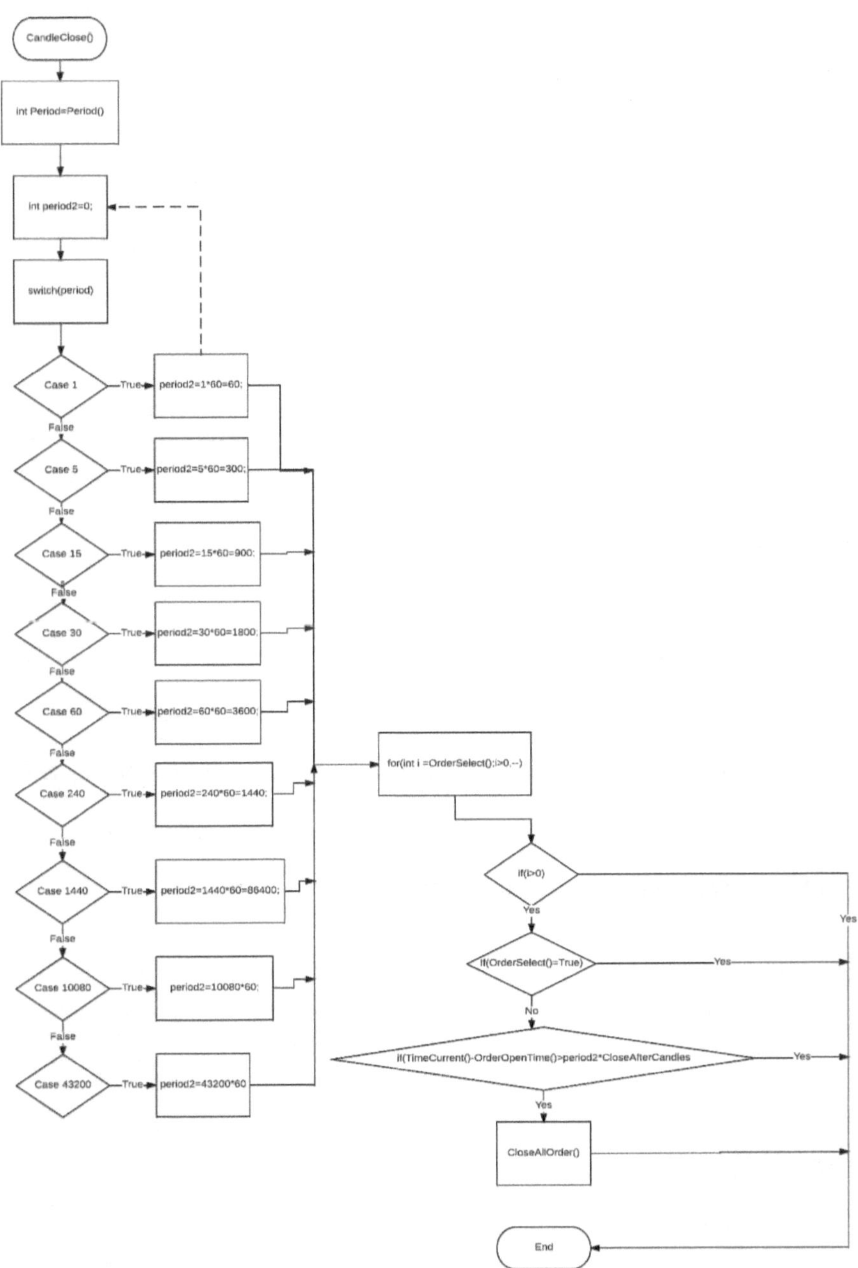

14-2 Diagram sekwencji działań funkcji CloseCandle()..

```
11 extern int TakeProfit=50;
12 extern int StopLoss=25;
13 extern double LotSize=0.01;
14
15 double pips;
16
17 extern bool UseBreakEven=True;
18 extern int MoveToBreakEven=50;
19 extern int PipsProfitLock=20;
20
21 extern bool UseTrailingStop=true;
22 extern int WhenToTrail=50;
23 extern int TrailAmount=30;
24 extern bool UseStoploss=true;
25 extern bool UseTakeProfit=true;
26 extern bool UsePosition=true;
27 extern bool UseRiskReward=true;
28 extern double reward_ratio=2;
29 extern int RiskPercent=1;
30 extern bool UseCandleClose=true;
31 extern int CloseAfterCandles=1;
```

14-3 Jest to zmienna globalna z funkcją CandleClose().

Jak korzystać z funkcji CandleClose

Teraz zbudowaliśmy funkcję, której użyjemy do zaprojektowania naszej strategii tradingowej. Musimy ustawić UseCandleClose=prawda; i zdecydować, po jakim numerze świecy chcemy zamknąć w obszarze globalnym. Kiedy używamy tej funkcji musisz ustawić UseStopLoss i UseTakeProfit na fałsz, w przeciwnym wypadku otrzymasz dwa mechanizmy zamykające.

```
void OnTick()
  {
  if(IsNewCandle())
    {
     if(TotalOpenOrders()<1)
       {
        EntrySignal();
       }
    }
    if(TotalOpenOrders()>0)
      {
       if(UseBreakEven)
         {
          BreakEven();
         }
       if(UseTrailingStop)
         {
          TrailingStop();
         }
        if(UseCandleClose)
         {
          CandleClose();
         }
      }
  }
```

14-4 Jest to funkcja OnTick() z dołączoną funkcją zamknięcia świecy.

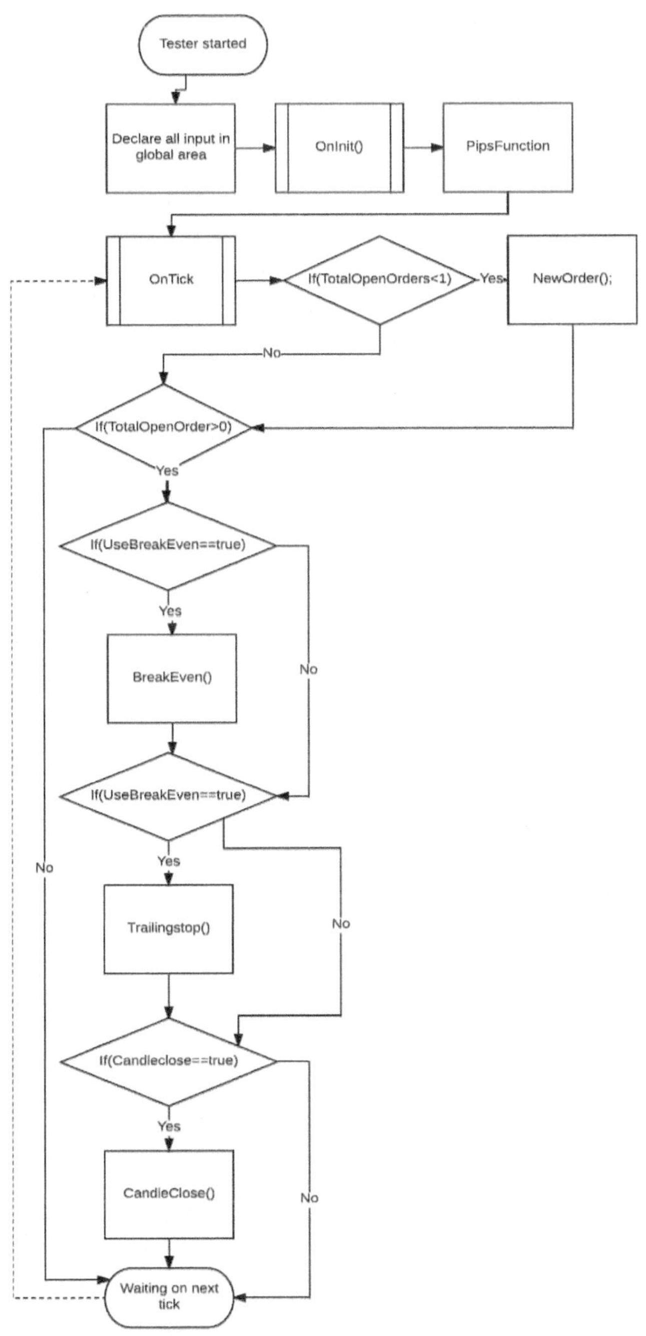

14-5 Diagram sekwencji działań funkcji Ontick() z Candleclose().

Rozdział 15
Funkcja Strategii

Opis funkcji

Jest to funkcja, w której decydujemy o naszej strategii. Wywołujemy funkcję Trade(0) dla zlecenia kupna oraz Trade(1) dla zlecenia sprzedaży.

Nazwa funkcji: EntrySignal()

Zmienne w obszarze globalnym:

Extern int ShortMAPeriod=50; Są to dane wejściowe do funkcji średniej ruchomej w krótszym okresie i pokazują ile okresów używamy w krótszym okresie.

Extern int LongMAPeriod=100; Są to dane wejściowe do funkcji średniej ruchomej w dłuższym okresie, jak okresy średniej ruchomej.

extern bool TradeLong=true; Zmienna ta jest prawdziwa, jeśli w naszej strategii chcemy zająć pozycję długą.

extern bool TradeShort=true; Zmienna ta jest prawdziwa, jeśli w naszej strategii chcemy zająć pozycję krótką.

Zmienne w funkcjach obszaru lokalnego:

Musimy obliczyć różne średnie ruchome. Ponieważ zamierzamy tradować na przejściach, musimy obliczyć jeden okres i dwa okresy przed średnimi ruchomymi. W przypadku tradingu długiego dwa poprzednie okresy krótkoterminowej średniej kroczącej powinny być poniżej długoterminowej średniej kroczącej, a jeden okres wcześniejszy, krótkoterminowy powinien być powyżej długoterminowej, co daje nam strategię crossover.

Podwójny

ShortMaCurrent=iMA(Symbol(),PERIOD_CURRENT,ShortMAPeriod,0, MODE_SMA,PRICE_CLOSE,1);

Podwójny

LongMaCurrent=iMA(Symbol(),PERIOD_CURRENT,LongMAPeriod,0, MODE_SMA,PRICE_CLOSE,1);

Podwójny

ShortMaPrevious=iMA(Symbol(),PERIOD_CURRENT,ShortMAPeriod,0 ,MODE_SMA,PRICE_CLOSE,2);

Podwójny

LongMaPrevious=iMA(Symbol(),PERIOD_CURRENT,LongMAPeriod,0, MODE_SMA,PRICE_CLOSE,2);

Widzisz, że zmienne globalne, które można zmieniać, są danymi wejściowymi zmiennych lokalnych.

```
void EntrySignal()//0
{
double ShortMaCurrent=iMA(Symbol(),PERIOD_CURRENT,ShortMAPeriod, ,MODE_SMA,PRICE_CLOSE, );//1
double LongMaCurrent=iMA(Symbol(),PERIOD_CURRENT,LongMAPeriod, ,MODE_SMA,PRICE_CLOSE, );
double ShortMaPrevious=iMA(Symbol(),PERIOD_CURRENT,ShortMAPeriod, ,MODE_SMA,PRICE_CLOSE, );
double LongMaPrevious=iMA(Symbol(),PERIOD_CURRENT,LongMAPeriod, ,MODE_SMA,PRICE_CLOSE, );

   if(TradeLong)//.2
   {
      if(ShortMaPrevious<LongMaPrevious && ShortMaCurrent>LongMaCurrent)//.3
      {
      Trade( );//.4
      }
   }
   if(TradeShort)
   {
      if(ShortMaPrevious>LongMaPrevious && ShortMaCurrent<LongMaCurrent)
      {
      Trade( );
      }
   }
return;
}
```

15-1 W ten sposób nasza funkcja strategii pojawi się z przecięciem średniej ruchomej.

0. Zaczynamy od napisania void, ponieważ funkcja ta wykonuje tylko to, co jest podane w nawiasach, a następnie nazwę funkcji z otwierającymi i zamykającymi nawiasami. Następnie dodajemy nawias otwierający i zamykający z *return*; w nim.

1. Piszemy zmienne lokalne, których użyjemy w tej funkcji i widzimy, że zmienne lokalne mają globalne zmienne zewnętrzne jako zmienne wejściowe.

2. Sprawdzamy, czy ustawiliśmy naszą zerojedynkową zmienną TradeLong na prawda lub fałsz, jeśli to prawda przekazuje kontrolę do następnej operacji.

3. Jest to również instrukcja if, która sprawdza, czy średnia krocząca z dwóch okresów była poniżej wolnej średniej kroczącej, a szybka średnia krocząca jednego okresu jest

powyżej średniej kroczącej wolnego okresu, co oznacza przecięcie. Jeśli doszło do przecięcia, wywoła to funkcję Trade() ze zmienną wejściową 0, co oznacza zlecenia kupna.

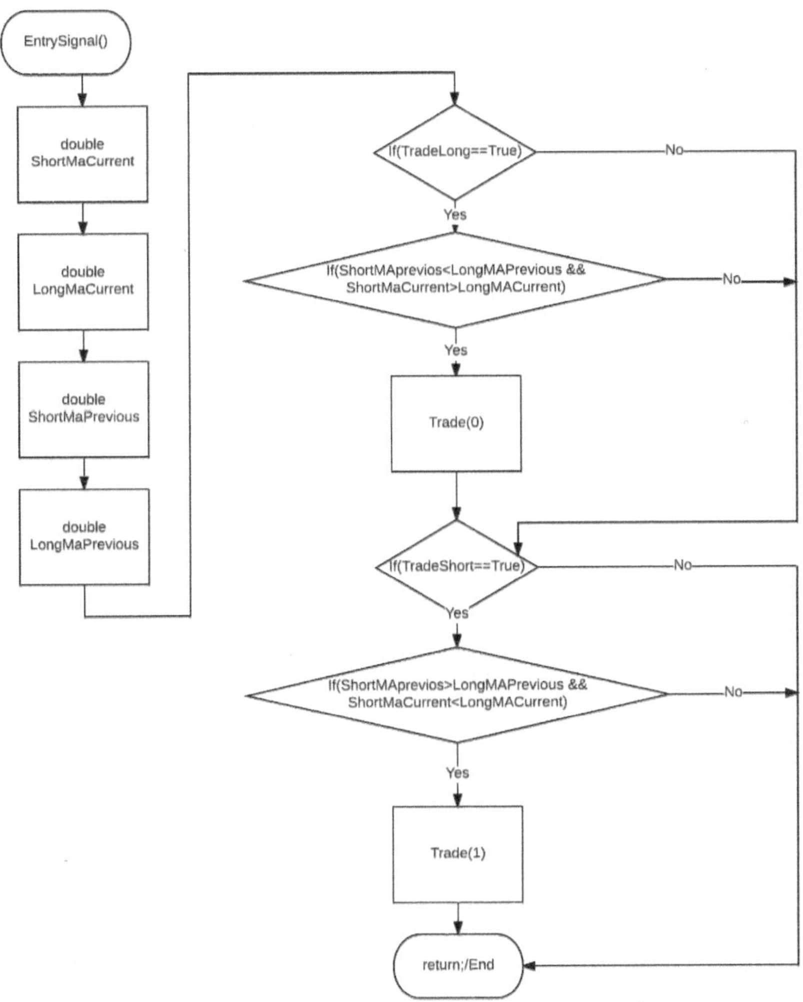

15-2 Diagram sekwencji działań sygnału wejściowego

```
 1 //+------------------------------------------------------------------+
 2 //|                                                      MyAlgo.mq4 |
 3 //|                                                     Tayyab Rashid |
 4 //|                                            www.tayyabrashid.com |
 5 //+------------------------------------------------------------------+
 6 #property copyright "Tayyab Rashid"
 7 #property link        "www.tayyabrashid.com"
 8 #property version     "1.00"
 9 #property strict
10
11 extern int TakeProfit=50;
12 extern int StopLoss=25;
13 extern double LotSize=0.01;
14
15 double pips;
16
17 extern bool UseBreakEven=True;
18 extern int MoveToBreakEven=50;
19 extern int PipsProfitLock=20;
20
21 extern bool UseTrailingStop=true;
22 extern int WhenToTrail=50;
23 extern int TrailAmount=30;
24 extern bool UseStoploss=true;
25 extern bool UseTakeProfit=true;
26 extern bool UsePosition=true;
27 extern bool UseRiskReward=true;
28 extern double reward_ratio=2;
29 extern int RiskPercent=1;
30 extern bool UseCandleClose=true;
31 extern int CloseAfterCandles=1;
32 extern bool TradeLong=true;
33 extern bool TradeShort=true;
34 extern int ShortMAPeriod=50;
35 extern int LongMAPeriod=100;
36
```

15-3 Jest to zmienna w obszarze globalnym, zawierająca wszystkie funkcje, w tym EntrySignal().

Rozdział 16
Jak korzystać z funkcji OnTick()

Umieścimy EntrySignal() w naszej funkcji Ontick oraz w nawiasach IsNewCandle() i TotalOpenOrders<1 instrukcja if.

```
void OnTick()
  {
  if(IsNewCandle())
     {
      if(TotalOpenOrders()<1)
         {
         EntrySignal();
         }
      }
     if(TotalOpenOrders()>0)
        {
        if(UseBreakEven)
           {
           BreakEven();
           }
        if(UseTrailingStop)
           {
           TrailingStop();
           }
         if(UseCandleClose)
           {
           CandleClose();
           }
        }
   }
```

16-1 To jest funkcja OnTick() z dołączoną funkcją EntrySignal().

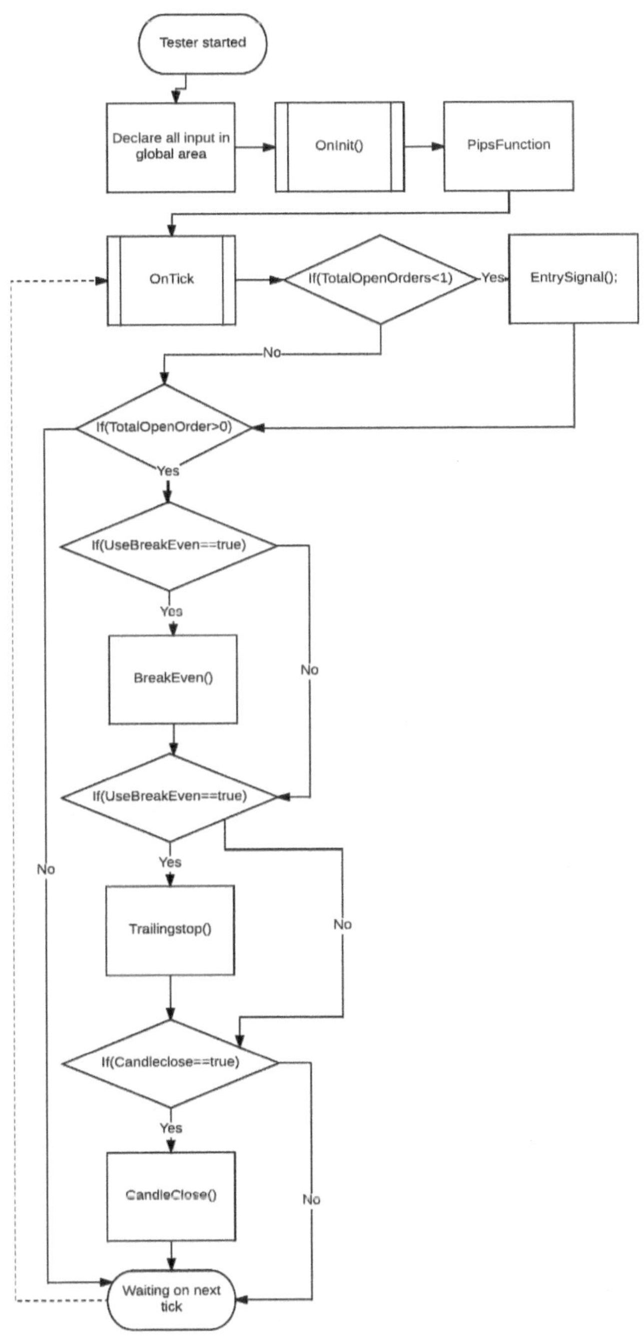

16-2 Diagram sekwencji działań z dołączoną funkcją EntrySignal().

Rozdział 17
Tworzenie Strategii Tradingowej

Najpierw zadaj sobie pytanie, dlaczego chcesz tradować. Dopóki jesteś na rynku, Twój kapitał jest zagrożony. Możesz podejmować duże ryzyko, aby osiągać duże zyski, które są tożsame z uprawianiem hazardu lub możesz mądrze tradować i kontrolować ryzyko, aby osiągać rozsądne zyski w dłuższej perspektywie. Profesjonalni traderzy zarabiają rocznie średnio około 7%, dopuszczalna wypłata jest dwukrotnością Twojego zwrotu.

Masz teraz elementy składowe, których możesz użyć wraz ze swobodą ich dostosowywania, które nadal będą skuteczne. Aby uniknąć dopasowania krzywej, potrzebujesz systemu, który obejmuje parametry zmienności, lecz nie wolno nadmiernie optymalizować ani optymalizować kilku różnych parametrów jednocześnie.

Rozwój strategii tradingowej

1. Znajdź sygnał wejściowy. Można to osiągnąć, zmieniając funkcję EntrySignal() i wprowadzając własną logikę transakcyjną oraz ustawiając funkcję CandleClose()(StopLoss, TakeProfit, BreakEven i Stop Kroczący na fałsz, ponieważ nie będziemy używać żadnej z nich). Zamknij pozycję po 5-10-20-30 świecach i zobacz, jaki to rodzaj sygnału wejściowego, wówczas powinien się wygenerować pozytywny zwrot. W takim razie warto zrobić krok dalej z tym sygnałem transakcyjnym.

2. Pamiętaj, aby dać sobie dłuższy okres czasu na testowanie, a także uwzględnić wiele rodzajów rynków, trend wzrostowy, trend spadkowy i rynki się wahające. Zmienny trend wzrostowy, średni zmienny trend wzrostowy i nadmierna zmienność są również uwzględnione w Twoim teście. Uruchom tę samą logikę wejścia dla różnych par i różnych przedziałów czasowych, aby dowiedzieć się, który z nich jest najlepszy. Szybko zrozumiesz, że pozycja wybicia będzie miała pozytywny ogólny zwrot, gdy użyjesz zamknięcia świecy i zdecydujesz się zamknąć tuż po 5-10 świecach, lecz strategia trendu będzie potrzebować więcej czasu, aby przynieść zysk. Tak więc w oparciu o swoją strategię handlową powinieneś być w stanie zawęzić zamknięcie po kilku parametrach świec. Często nie ma takiego samego mechanizmu otwierania i zamykania dla długich i krótkich transakcji, więc możesz najpierw znaleźć strategię dla długich, a potem dla krótkich transakcji.

3. Kiedy wybrałeś ramy czasowe i dobrze działającą parę. Próbujesz połączyć swoją strategię wejścia z różnymi strategiami wyjścia. Może to być dynamiczny stop-loss i take-profit, stop kroczący, prosty 60-okresowy stop kroczący średniej ruchomej, z progiem rentowności lub bez. Powinieneś mieć uprzednio zdefiniowane reguły.

4. Aby odnieść sukces, potrzebujesz zróżnicowanego portfela strategii na różnych parach i ramach czasowych, ponieważ jeśli masz strategię opartą o trendy, stracisz pieniądze na rynku, ale jeśli masz również strategię dla rynków, zarobisz na nim.

5. Jakikolwiek masz system, współczynnik zwrotu do wypłaty może wynosić nawet 1:2.

6. Czasami najlepiej jest pójść w drugą stronę i zaprojektować system wyjścia (tego, czego chcesz od rynku), a następnie zaprojektować sygnał wejścia.

Treści Bonusowe
(Instrukcja If i funkcja pętli For)

Jest ona często używana w funkcjach i jest to podejmowanie decyzji, czyli innymi słowy zadajemy pytanie, czy zdanie jest prawdziwe, czy też nie.

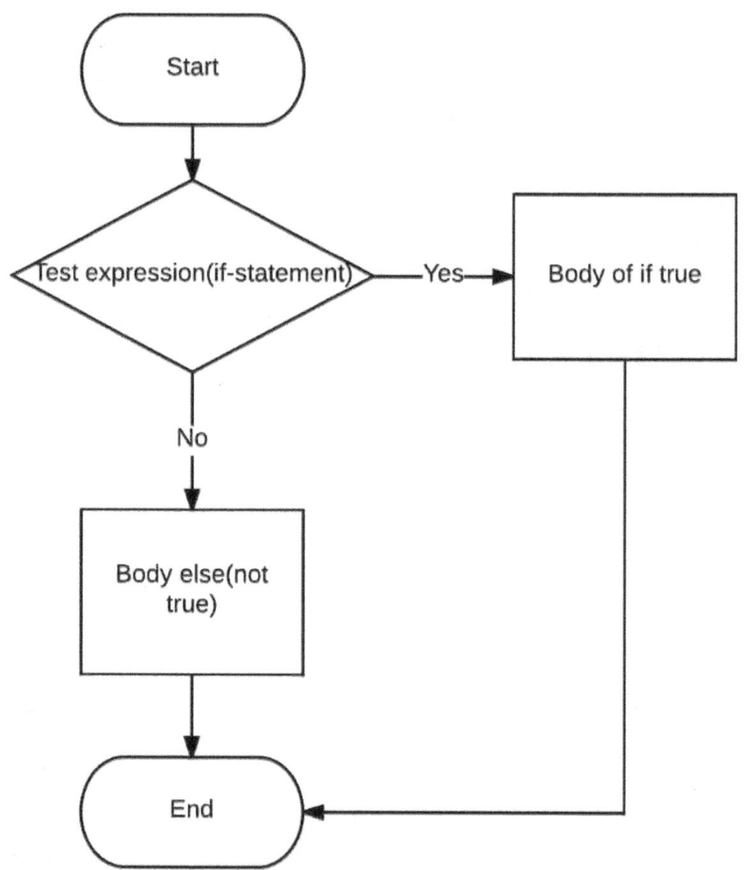

Jest to diagram sekwencji działań instrukcji if.

Od początku przekaż kontrolę do instrukcji if. Jeśli instrukcja jest prawdziwa, wykonywane jest wszystko, co znajduje się w sekcji prawdy. Jednakże jeśli tak nie jest i stwierdzenie nie jest prawdziwe, lecz fałszywe, wtedy wszystko inne w sekcji zostanie wykonane i oba przejdą kontrolę do końca.

Przykład 1:

```
void Test1()
{
    int A=2;
    int B=3;
    if(A>B)
    {
        Comment("A is bigger Than B");
    }
    else
    {
        Comment("A is less than B");
    }
return;
}
```

To jest przykład instrukcji if, mamy funkcję o nazwie Test1. Zaczyna się od zdefiniowania dwóch zmiennych A i B.

Następnie mamy instrukcję if, która pyta, czy A jest większe niż B. Jeśli to prawda, mamy komentarz wyjściowy, który brzmi: "A jest większe niż B". Jeśli zdanie jest fałszywe, A jest mniejsze niż B, to mamy inną sekcję, która zostanie wykonana. Komentarz "A jest mniejsze niż B".

Przykład 2:

```
void Test2()
{
    int A=2;
    int B=3;
    if(A>B)
    {
        Comment("A is bigger Than B");
    }
return;
```

Jest to inny rodzaj użycia instrukcji if, który sprawdza, czy instrukcja jest prawdziwa, a jeśli jest prawdziwa, komentuje "A jest większe niż

B", jeśli nie jest to prawda, po prostu przekazuje kontrolę do końca. Jej diagram sekwencji działań możesz zobaczyć poniżej.

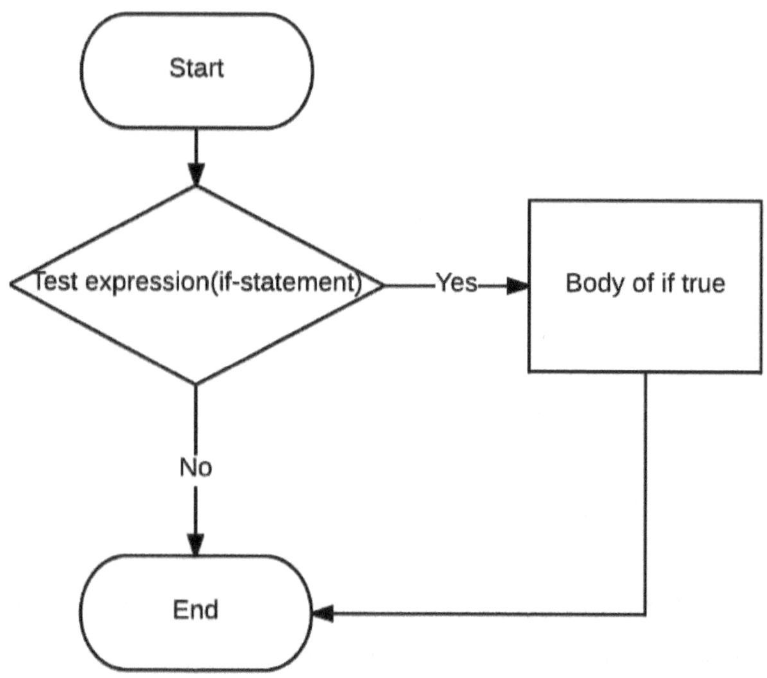

Instrukcja if bez instrukcji else.

Funkcja Pętli For

 ożesz użyć pętli for lub while. Ja użyję pętli for.

Przykład pętli for:

```
void test2()
{
    int Number=0;
    for(int i=3;i>0;i--)
    {
        Number=Number+1;
    }
}
```

Przykład w pętli for

Tutaj mamy funkcję o nazwie test2, która zaczyna się od zadeklarowania zmiennej Number jako liczby całkowitej i przypisania jej wartości zero. Następnie uruchamiamy pętlę for.

Zaczynamy od zapisania for i dwóch nawiasów jako funkcji z nawiasem otwierającym oraz zamykającym. W nawiasach piszemy trzy zmienne. Pierwsza zmienna to ile razy chcemy uruchomić tę funkcję lub pętlę, którą zdefiniujemy między nawiasem otwierającym oraz zamykającym, co wykona wszystko między nimi w każdej pętli. Druga zmienna to długość pętli, czyli o ile i jest większe od zera. Trzecia zdefiniowana zmienna występuje albo w stylu rosnącym, albo malejącym. ++ oznacza, że rozpocznie się od numeru jeden, a następnie pętli 2 i 3. - - oznacza, że rozpocznie się od numeru 3, następnie pętli 2 i 1, i tam się zatrzyma, ponieważ chcemy zapętlić na tak długo, jak i jest powyżej 0. W otwarciu i w nawiasach zamykających piszemy wszystko, co chcemy wykonać w każdej pętli.

Poniżej znajduje się diagram sekwencji działań powyższej pętli.

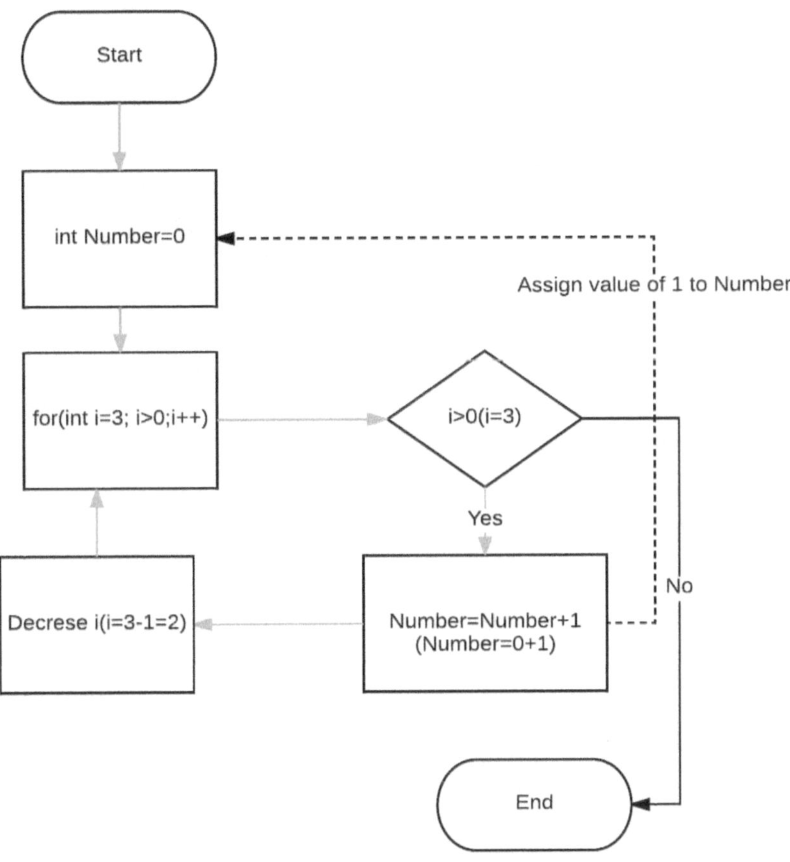

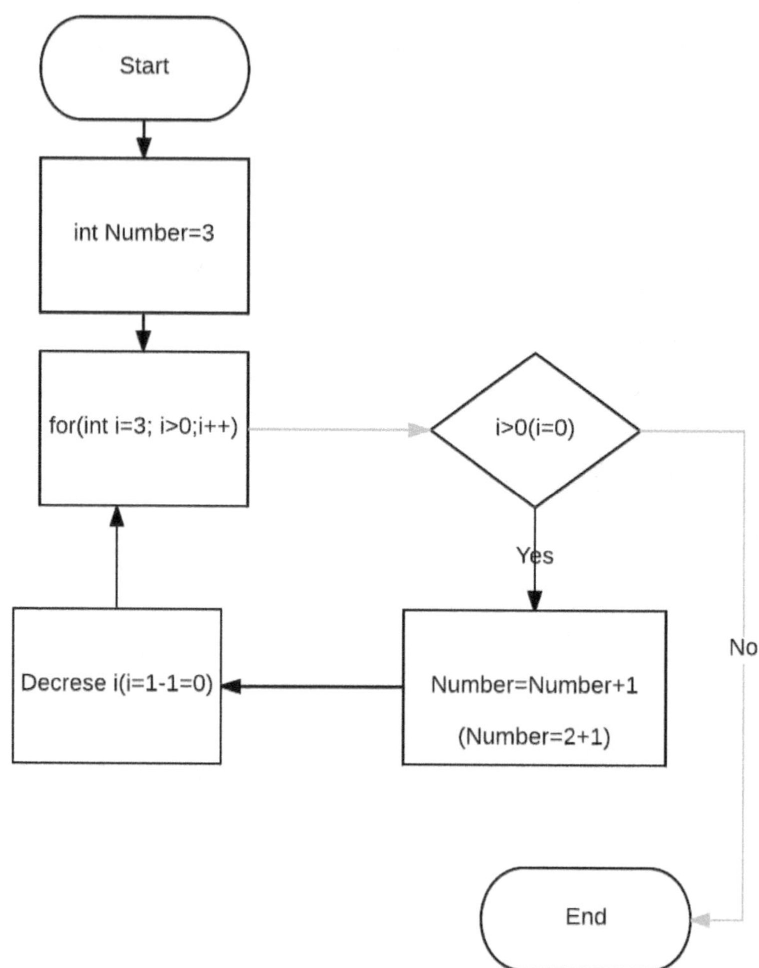

Start
int Number=3
for(int i=3; i>0;i++)
i>0(i=0)
Yes
No
Decrese i(i=1-1=0)
Number=Number+1
(Number=2+1)
End

Podsumowanie

Bardzo Ci dziękuję za dotarcie do końca książki *Programowanie Expert Advisor dla Początkujących*. Mam nadzieję, że wiele Cię nauczyła i dała Ci dodatkowe narzędzia, które pomogą Ci osiągnąć Twoje cele tradingowe. Następnym krokiem, jak zawsze zalecam w moich książkach, jest podjęcie działań. Załóż konto demo na swojej ulubionej platformie handlowej i testuj te strategie, aż osiągniesz wyniki, które chcesz widzieć zanim otworzysz konto prawdziwe.

Profil Autora

Wayne **Walker** jest dyrektorem globalnej firmy zajmującej się edukacją i doradztwem w zakresie rynków kapitałowych oraz kryptowalutowych (gcmsonline.info). Posiada wieloletnie doświadczenie w szkoleniu i kierowaniu zespołami Doradców Inwestycyjnych oraz zarządzaniu zespołami osiągającymi najlepsze wyniki w Grupie Klientów Prywatnych w oparciu o Benchmark Dochodów (BME).